BETR

UGANDA

MENSCHLICHKEIT

des wortspiels kritik
im titel
richtet sich nicht gegen uganda

Bibliografische Information der Deutschen Nationalbibliothek:
Die Deutsche Nationalbibliothek verzeichnet diese Publikation
In der Deutschen Nationalbibliografie; detaillierte bibliografische
Daten sind im Internet über http://dnb.dnb.de abrufbar.

© 2020 Martin Franz Neuberger
Herstellung und Verlag:
BoD – Books on Demand, Norderstedt

ISBN: 9-783750-436817

inhalt

für
barbara

nicht was man sieht
ist entscheidend
sondern wie man es sieht

reine fakten schaffen kein erlebnis

martin franz neuberger

betr UGANDA menschlichkeit

nicht bloß ein reisebericht

30-11 - die ankunft

uganda empfängt uns bewölkt
und mit zunächst noch angenehmer temperatur
die jedoch bald
möglicherweise hauptsächlich
sehr wahrscheinlich aber ausschließlich
aufgrund unserer müdigkeit
nach der ganznächtlichen anreise
über addis abeba hierher nach entebbe
in einen bereich schierer unerträglichkeit
übergeht
für mich zumindest
so mein eindruck
wenn ich meine begleiterin beobachte
darauf angesprochen
versichert mir barbara aber
dass es nicht nur mir so ergehe
sondern auch sie müder nicht sein könne
geteiltes leid ist halbes leid
versuche ich mir einzureden
kann aber damit an meinem körperlichen zustand
absolut keine veränderung bewirken
was in mir den verdacht erhärtet
von dieser ungewöhnlich heftigen nebenwirkung
nach den empfohlenen impfungen für diese reise
die mir sogar
einen zwölftägigen spitalsaufenthalt einbrachte
doch noch nicht vollständig genesen zu sein

noch aber ist keine zeit
darauf rücksicht zu nehmen
gilt es doch zunächst noch
die leihwagenfirma ausfindig zu machen
bei der wir eine reservierung getätigt haben
um gleich selber mit dem auto
in die hauptstadt kampala fahren zu können
wo wir die permits
für die geplanten gorilla-
und schimpansentrekkings abholen müssen
  im flughafengebäude selbst
finden wir nur eine dieser
eher teuren
internationalen firmen vor
also versuchen wir unser glück außerhalb
  hier werden wir sofort umringt von taxifahrern
die uns überall hinbringen würden
uns aber
nach dem gesuchten autoverleih befragt
auch nicht weiterhelfen können
  was machen wir jetzt
frage ich meine tochter
hast du keine telefonnummer von dieser firma
  habe ich schon - meint sie
aber ich habe doch mit denen vereinbart
dass wir das auto hier bekommen würden
  während unseres gesprächs merke ich
dass das interesse an uns
rundherum wieder stark im steigen ist

und schon werden wir wieder angesprochen
ob man uns denn
nicht doch irgendwie helfen könne
   ja - vielleicht
geht barbara auf das angebot ein
und nennt den namen des autoverleihs
   tatsächlich findet sich ein freundlich grinsender
zu dem die auffällige goldene armbanduhr
gar nicht recht passen will
der behauptet
die firma zu kennen
allerdings ist seine weitere auskunft
nicht unbedingt sehr ermutigend für uns
   das ist ein kleiner autoverleih in kampala
die haben hier keine niederlassung
meint er
wählt aber bereitwillig
auf seinem eigenen mobiltelefon die nummer
die barbara bereithält
und übergibt ihr das gespräch
   ich staune über so viel hilfsbereitschaft
und verfolge gespannt wie es weitergeht
   aber ich habe doch eine email
als bestätigung für die reservierung bei mir
ist barbaras antwort auf die erste
offensichtlich negative
reaktion vom anderen ende
der kabellosen verbindung
   er behauptet er finde keine reservierung

berichtet mir barbara
nachdem sie enttäuscht aufgelegt hat
   ein anderer
der die szene aufmerksam mitverfolgt hat
bietet sich nun an
uns zu einem freund zu bringen
der auch einen autoverleih betreibe
   eine seriösere firma
wie er geschickt hinzufügt
und wir würden mit seinem angebot
sicher zufrieden sein
   er könne uns den preis
den wir ihm von unserer reservierung nennen
zwar nicht garantieren
aber wir sollten uns
die autos einfach einmal ansehen
   was meinst du
fragt mich meine tochter
   wir haben zwei optionen
überlege ich bevor ich ihr eine antwort gebe
entweder wir gehen auf sein angebot ein
oder wir wenden uns
an die sicher wesentlich teurere firma
hier am flughafen
   noch bevor ich ihr antworten kann
wird ihr von der goldenen armbanduhr
wieder das telefon hingehalten
   es ist michael
sagt der hilfsbereite herr

michael ist der chef der von uns gesuchten firma
er habe nun die reservierung doch gefunden
und selbstverständlich würden wir
unser auto bekommen
es werde uns jemand nach kampala fahren
sagt er noch und legt auf
  ja - aber wer
lacht barbara etwas irritiert
als sie das telefon dankend zurückgibt
und wie sollen wir diesen jemand erkennen
  abwarten - sage ich
und bin über mich selbst erstaunt
wie schnell ich mich auf diese gelassenheit
auf diese unbekümmertheit
auf diese afrikanische art
dinge zu erledigen
eingestellt habe
  wir haben dem
der uns zu seinem freund bringen wollte
kaum abgesagt
der goldenen armbanduhr
kaum das trinkgeld in die hand gedrückt
da steht plötzlich salim neben uns
und stellt sich in weiterer folge als derjenige vor
der zwar nicht für michael arbeite
uns aber gern
selbstverständlich auf michaels kosten
nach kampala bringen würde
  na dann

sage ich achselzuckend zu meiner tochter
nehme meinen koffer wieder an mich
und folge ihm zu seinem auto

wie ist es denn zu dieser reise
überhaupt gekommen
und warum ausgerechnet uganda
meine tochter
eine leidenschaftlich gern reisende
und eine
speziell von den großen primaten
mehr als begeisterte
war
als ich ihr eines tages einen zeitungsbericht
über die berggorillas
im bwindi nationalpark in uganda zeigte
sofort feuer und flamme
sich diese
wahrscheinlich attraktivsten vertreter ihrer art
diese faszinierenden wesen
ihrer emotional geprägten meinung nach
mehr mensch als tier
diese letzten frei lebenden berggorillas
unbedingt
nachdem sie zuvor schon orang utans
in borneos freier wildbahn erlebt hatte
unbedingt anzusehen
nicht wann
oder das aussichtslose warum

war die erste frage meiner frau dazu
sondern
mit wem
   mit wem möchtest du das machen
fragte sie äußerst besorgt
nachdem sie damals schon versucht hatte
vergeblich übrigens
ihre tochter davon abzuhalten
eine solche reise allein anzutreten
   also ich hätte zeit
sagte ich nach ein paar augenblicken
abwartenden schweigens
und intensiven abtastenden herumwanderns
der blicke aller anwesenden
einfach nur um jeden einzelnen dieser augenblicke
von der ihm aufgebürdeten spannung zu befreien
   wider erwarten
obwohl ein solches
meiner nicht ganz ernst gemeinten bemerkung
gar nicht zugrunde lag
wurde diese von beiden seiten
nicht nur als brauchbarer
sondern sogar als sehr guter vorschlag goutiert
   das stimmt
aber würdest du das wirklich machen
erklärte barbara sich indirekt sofort einverstanden
   warum denn nicht
antwortete ich
noch immer nicht ganz ernst gemeint

aber trotzdem mit fragendem blick zu meiner frau
die sich mit einer eventuellen ernsthaftigkeit
in meiner antwort
doch auch erst auseinandersetzen wollen würde
   aber diese frage müsste ja eigentlich ich stellen
würdest du das wirklich machen
würdest du mich wirklich mitnehmen
   also ich hätte nichts dagegen
kam ihr meine frau zuvor
du hast ja wirklich zeit
   ja stimmt - zeit hätte ich
gab ich ihr recht und stellte im selben moment fest
dass mich nicht nur uganda und die berggorillas
sehr reizen würden
sondern vor allem der gedanke
das erlebnis einer so besonderen reise
mit meiner tochter teilen zu dürfen
   wie vielen vätern ist so etwas schon vergönnt
dachte ich mir
und sah mich im nächsten augenblick schon
neben barbara im geländewagen
durch die ostafrikanische steppe brausen
   und du hättest wirklich nichts dagegen
fragte ich noch einmal nach
obwohl ich die antwort längst kannte
weil ich doch erst ein paar monate davor
auch schon ohne sie
aber mit ihrem selbstlosen einverständnis
in fremden landen unterwegs gewesen war

also kann ich dann die planung
auf zwei personen ausweiten
ergriff barbara
mehr feststellend als fragend
wieder das wort
und schlug dann
nachdem ich unsere reiseallianz
mit einem knappen
aber sehr erfreuten ok besiegelte
unter berücksichtigung der regenzeiten
in äquatorialer gegend
den dezember als möglichen
weil normalerweise
in eine der beiden trockenzeiten fallenden
und deshalb für uganda günstigen reisemonat vor
    der entschluss war also gefasst
der termin schnell fixiert
und die vorbereitungen
die selbstverständlich
auch die empfohlenen impfungen inkludierten
begannen zu laufen
    wir wollten ja verantwortungsvoll vorgehen
und uns danach keine vorwürfe machen müssen
irgendetwas wichtiges
notwendiges
dringend empfohlenes verabsäumt zu haben
    dass ausgerechnet aus diesem grund
ein problem entstand
das besagten zwölftägigen krankenhausaufenthalt

für mich verursachte
konnte niemand vorhersehen
aber glücklicherweise hatten wir sehr früh
mit unseren vorbereitungen begonnen
sodass bis zum reiseantritt noch genügend zeit
für die regeneration bleiben sollte
  eigentlich
aber der termin rückte unaufhaltsam näher
und kümmerte sich überhaupt nicht
um meine stagnierende gesundung
  etwa zwei wochen vor dem start
unterzog ich mich daher einer
von mir selbst zur entscheidenden erklärten
zusätzlichen untersuchung
durch einen spezialisten für tropenmedizin
der aber meine bedenken
derartig überzeugend vom tisch wischte
dass ich mir beinahe schon
wie der berühmte eingebildete kranke
von moliere vorkam
und als solcher wollte und will ich
partout nicht gelten
  ich war zwar rein gefühlsmäßig
noch nicht ganz auf hundert prozent
ließ mich aber gern
von der fachkundigkeit des professionisten
und einem speziellen
von ihm empfohlenen antibiotikum
überzeugen

damit auch körperlich
bestens für das unternehmen gerüstet zu sein
   wie unvorstellbar weit der tag des reiseantritts
über die gesamte zeit der vorbereitung
auch immer weg war
plötzlich war er
überraschend fast
doch da
und ebenso plötzlich saßen wir
in einer boing 787-8 und starteten in das abenteuer
   der sechseinhalb- plus zweistündige flug verlief
abgesehen von einer
etwa zweistündigen verspätung in addis abeba
ohne weitere probleme

   wir erreichten unser ziel daher beinahe planmäßig
und sind jetzt also mit salim
auf dem weg nach kampala
der hauptstadt ugandas
   mit einem schlag befinden wir uns
in einer ganz anderen welt
die menschen um uns herum
die häuser
oder besser gesagt hütten
entlang der straße
der lärm
das hupen
die farbenpracht
die scheinbar planlos dahinfahrenden

unzähligen
mit bis zu fünf erwachsenen besetzten
und mit allen möglichen
und unmöglichen dingen beladenen mopeds
die autos und lastwagen
die zwischen den fahrzeugen
herumstehenden und -laufenden fußgänger
die frauen die mit unvorstellbaren lasten
auf ihren köpfen
trotzdem mit elegantem schritt
ihren weg durch das gewühl finden
das auf den ersten blick
vollkommen rücksichtslose gedränge
auf den straßen
die diese bezeichnung
eigentlich gar nicht verdienen
dazu noch der für uns ungewohnte linksverkehr
und mittendrin barbara und ich
souverän chauffiert von salim
   nach zirka 45 kilometern
und etwa eineinhalb stunden
fährt er rechts ran und meint
da sind wir
   hier
frage ich mich ungläubig
denn ich entdecke nichts
was auf die erwartete autovermietung
hindeuten könnte
einfach nichts

nicht einmal die wenigen herumstehenden autos
weil ich weder zwei gleiche fahrzeuge
noch einen irgendwie
als mietwagen gekennzeichneten pkw
entdecken kann
  auch barbaras blick verrät zunehmend skepsis
und ich beginne schon zu überlegen
wie ich eventuellen selbstvorwürfen ihrerseits
bezüglich buchung
am besten entgegentreten könnte
da kommt
ein breit und freundlich grinsender ugander
auf uns zu und streckt uns seine hand entgegen
  hello - i am michael
hello - i am martin
antworte ich auf seine begrüßung
  hallo martin - schön dich zu treffen
fährt er fort und wiederholt diese zeremonie
bei barbara
  wie geht es euch
gefällt es euch in uganda
fragt er beinahe freundschaftlich
  es klingt trotzdem
ein wenig nach begrüßungsformel
tut aber seinem sympathischen gesamteindruck
keinen abbruch
  hier habe ich das richtige fahrzeug für euch
meint er
nachdem er sich ausgiebig erkundigt hat

was wir vorhaben
zeigt auf einen kompakten
allradgetriebenen geländewagen älteren baujahres
überlässt es philipp
einem seiner mitarbeiter
uns das auto kurz vorzustellen
und bittet uns dann in sein büro
um die sache perfekt zu machen
  das haus das wir betreten
ist nicht gerade dazu angetan
eventuell schon vorhandenes vertrauen
zu bestärken
doch als wir über die treppe
zwei gespenstisch leere stockwerke emporsteigen
und im sogenannten büro
die restlichen mitarbeiter
oder auch nur zufällig anwesende
uns scheinbar gleichgültig
aber mit letztlich
doch nicht zu verbergender neugierde mustern
wird es wirklich auf eine harte probe gestellt
  dass die bezahlung per kreditkarte
nach unzähligen versuchen
und mehreren telefonaten mit der
vielleicht doch nicht ganz zuständigen servicestelle
letztendlich doch nicht funktioniert
verwundert eigentlich nicht
wird aber von michael
mit schier endloser geduld hingenommen

bis er schließlich vorschlägt
uns zu einer bank zu fahren
wo wir uganda-shilling bekommen könnten
um den mietwagen bar zu bezahlen
   wir stimmen zu
und sind kurze zeit später millionäre
   ganze vier millionen hat der geldautomat
für uns herausgegeben
alles in 50000er-scheinen
   die bank ist
wie viele andere einrichtungen in uganda auch
wie wir später sehen werden
von mehreren uniformierten bewaffneten bewacht
trotzdem lassen wir das geld schnell
und möglichst unauffällig
in unseren taschen verschwinden
   auf der rückfahrt kommt das gespräch
zwischen michael und mir
unter anderem auch sehr schnell auf die religion
die den ugandern sehr wichtig zu sein scheint
   ein weiterer nicht unbedeutender grund
für dieses thema ist möglicherweise
meine handgestrickte wollmütze
die ich vor einigen jahren in marokko
nach bekanntermaßen unvermeidlichem
eher langwierigem verhandeln erstanden habe
und seither immer wieder gern trage
   das ist gut
sagt michael sichtlich erleichtert als er erfährt

dass ich trotz meiner kopfbedeckung
so wie er und 85 % der ugander
katholik bin
und schüttelt mir freudig die hand
  ab diesem zeitpunkt sind wir für ihn
nicht bloß geschäftspartner
sondern beinahe schon freunde
mit denen die restlichen formalitäten
ohne weitere probleme abgewickelt werden
  auch unser wunsch
das auto am ende unserer reise
am flughafen abgeben zu können
wird sofort und ohne einwände akzeptiert
und wir können endlich zur übergabe schreiten
  ah - den schlüssel bräuchte ich noch
erinnere ich unsere beiden begleiter vorsichtig
als wir schon längst vor dem auto stehen
und ich noch immer keine absicht erkennen kann
ihn uns auszuhändigen
  den habe ich dir doch schon gegeben
meint philipp mit bestimmtheit
  ich aber weiß ebenso sicher
dass das zwar nicht unrichtig ist
ich ihn ihm aber wieder zurückgegeben habe
weil er mir nach der rückkehr von der bank
noch die eigenheiten der zentralverriegelung
erklären wollte
  ich solle doch in meinen taschen nachsehen
sagt er zweimal mit noch größerer bestimmtheit

und hält mir schließlich den schlüssel
verlegen lächelnd
und mit gesenktem blick hin
nachdem er endlich selber
in seinen taschen nachgesehen hat

  unsere erste selbst gefahrene etappe
ein vergleichsweise harmloses stück
die entebbe-road entlang ins zentrum
führt uns zur nächsten tankstelle
denn wir haben uns fest vorgenommen
immer möglichst früh nachzutanken
um das risiko
einmal nicht rechtzeitig
an eine tankstelle zu gelangen
möglichst gering zu halten
  der tankwart bemüht sich sehr
um gutes service und das gespräch
mit den seltenen europäischen kunden
und schüttelt mir begeistert die hand
als ich ihm den rechnungsbetrag
um nicht ganz 5000 shilling aufrunde
  auch der angestellte in unserem hotel
zu dem wir nun nicht mehr weit haben
reagiert äußerst erfreut auf das trinkgeld
das wir ihm dafür geben
dass er schon vor unserer ankunft
unsere vorbestellten permits für das gorilla-
und schimpansentrekking abgeholt hat

wir hätten das in den vorgesehenen bürozeiten
vor dem wochenende nicht mehr geschafft
und dadurch sehr viel zeit versäumt
    nun aber haben wir noch zeit
für einen spaziergang durch die stadt
den wir unserer müdigkeit zum trotz
doch noch einigermaßen ausgiebig gestalten
und bei einem abendessen
in einem sympathisch wirkenden lokal
mit ungestörtem blick auf das treiben in der stadt
beschließen
    die bestellung ist schnell gemacht
wir nehmen platz und versuchen
das kleine elektrische gerät auf dem tisch
im auge zu behalten
das uns vibrierend und blinkend anzeigen wird
dass unser essen abholbereit ist
    das aber dauert
wir warten und warten
und sind uns schließlich einig
ein defektes gerät erwischt zu haben
also fragt barbara an der ausgabe nach
und kommt grinsend zurück
    man habe sich mehrmals entschuldigt
weil das essen schon längst fertig
aber einfach darauf vergessen worden sei
uns zu verständigen
    als entschädigung daür
bekommen wir beide die doppelte portion

unsere ersten begegnungen mit den ugandern
sind also durchwegs erfreuliche
abgesehen vielleicht von der dame am flughafen
die zwar auch nicht unfreundlich war
mich aber beinahe schon schikanierend lange
auf die aushändigung des visums warten lassen hat

1-12 - am äquator

der nächste tag
es ist der erste dezember
beginnt mit einer riesigen verspätung
ich brauche keinen wecker
habe ich am abend davor gesagt
und tatsächlich
um zirka fünf uhr dreißig werde ich wach
und stelle beruhigt fest
dass ich unbesorgt noch einmal einschlafen kann
doch als ich wieder aufwache
ist es neun uhr dreißig
unglaublich
dass man so lange schlafen kann
noch dazu bei diesem lärm
der mittlerweile von der straße her zu hören ist
aber der lange schlaf hat uns beiden
und besonders mir
sehr gut getan
und ich genieße das reichhaltige angebot

auf der wunderschönen frühstücksterrasse
bevor wir uns endgültig auf den weg
in das abenteuer machen
   und dass es ein abenteuer wird
merken wir schon auf den ersten metern
als wir den plan für unser vorhaben
hinein in das gewühl
und hinaus aus der stadt
trotz satellitenunterstützter orientierungshilfe
laufend adaptieren müssen
   die dichte
die intensität
und das tempo sind unglaublich
wobei hier nicht
das tempo des vorankommens gemeint ist
sondern die geschwindigkeit
die einem in punkto entscheidungen
in diesen rasanten szenenwechseln
abverlangt wird
   kein vergleich zu gestern
man fühlt sich wie mitten in einem bienenschwarm
wie in einem riesigen heer von einzelkämpfern
die alle meinen
ihr auftrag
anliegen
oder auch nur wunsch wäre der wichtigste
und müsste sofort erledigt werden
   aus allen
und zwar wirklich aus allen richtungen

kommen fußgänger
und fahrzeuge aller art auf uns zu
queren im letzten augenblick
überholen
zwängen sich dazwischen
ignorieren die
ohnehin nur spärlich vorhandenen
bodenmarkierungen
eröffnen auf engstem raum zusätzliche spuren
und schaffen es
zu meiner anfänglichen ver-
die aber bald schon zu einer be-wunderung wird
trotzdem
unfälle
kollisionen
ja sogar
die in unseren breiten so beliebten
gegenseitigen beschimpfungen zu vermeiden
   besonders mopedfahrer
für die zum beispiel auch eine einbahnregelung
nur bedingt bis gar nicht gültig zu sein scheint
interpretieren die verkehrsregeln sehr frei
wie überhaupt das gesamte regelwerk
für den straßenverkehr hier anscheinend
auch allgemein bestenfalls als empfehlung
verstanden wird
   ich komme aus dem staunen gar nicht heraus
und beginne
während ich mich relativ schnell

an dieses
scheinbar hoffnungslose
durcheinander gewöhne
zu hinterfragen
ob denn wirklich nur eine vermehrung der regeln
auch einen reibungsloseren ablauf
und eine größere sicherheit auf den straßen
garantiere
und merke gleichzeitig
dass ich einen immer größeren gefallen
am geschehen um mich herum finde
dass ich dieses verkehrsgewühl
in europa würde man es als chaos bezeichnen
langsam sogar zu genießen beginne
und so macht es mir auch gar nichts aus
mich plötzlich
nach einigen umleitungen
von denen auch unsere navigationshilfe
keine ahnung hatte
in einer einspurigen einbahn wiederzufinden
in der nur fußgänger und mopedfahrer
und auch die nur teilweise
richtungsmäßig mit mir solidarisch sind
während schon das erste auto auf mich zukommt
und ich von einigen verkehrsteilnehmern
erstaunlicherweise überhaupt nicht unfreundlich
darauf hingewiesen werde
in der falschen richtung unterwegs zu sein
    was wird nun passieren

denke ich mir
bringe mein fahrzeug zum stehen
und gestikuliere rundherum entschuldigung
   unfassbar
wie viel platz wenige augenblicke später
um uns herum zur verfügung ist
wie selbstverständlich alle zurückweichen
um uns ein schnelles
und reibungsloses wenden zu ermöglichen
   ich bin wirklich beeindruckt
denn etwas ähnliches
habe ich in einer europäischen großstadt
noch nie erlebt
   zuvorkommenheit
statt belehrungen und beschimpfungen
schnelle hilfe
auch aus eigenem interesse
anstelle eines rücksichtslosen
schadenfreude auskostenden
besserwissertums
das zu nichts als zusätzlichen staus führen würde
   hier wird mir eindrucksvoll demonstriert
wie menschliches zusammenleben funktioniert
wenn der einzelne
anstatt stur auf einhaltung irgendwelcher
oft nicht sehr sinnvoller regeln zu pochen
eigenverantwortung zeigt
während man in europa unter verantwortung
in erster linie

kritikloses blindes vertrauen auf vorschriften
und deren einhaltung versteht
   und trotzdem fühlen wir europäer uns immer
so maßlos überlegen
   sollten wir uns nicht einmal fragen
welche dieser beiden haltungen
die menschlich wertvollere ist
   wir fragen uns immer nur
was will das gesetz
was will die regel
was will das verkehrszeichen
   in uganda dagegen fragt man sich
was will der andere verkehrsteilnehmer
was hat er vor
wie muss ich mich also verhalten
damit alles funktionieren kann
hier lebt man den vertrauensgrundsatz
während er bei uns nur mehr theoretisch existiert
   jede kleinigkeit
jede eventualität
jede denkbare aktion muss gesetzlich geregelt sein
immer mehr verlässt man sich blind
auf diese regelung
und immer mehr fühlt man sich kriminalisiert
wenn man einmal eine kleinigkeit übersieht
   kein wunder also
dass aufgrund
dieses überbewerteten verkehrsregelwerks
auf den heimischen straßen

das längst wichtiger geworden zu sein scheint
als der mensch selbst
für den es eigentlich geschaffen wurde
eine immer ängstlichere grundhaltung
zu beobachten ist
  ein- und ausparken zum beispiel
geht für viele ohne die unterstützung
durch zumindest einen beifahrer
kaum noch
die einfahrt in einen kreisverkehr
der doch eigentlich erfunden wurde
um den verkehrsfluss zu beschleunigen
gestaltet sich aus dem gleichen grund
ebenfalls immer schwieriger
das überholen
ist wegen dieser falsch verstandenen vorsicht
dieser überkorrekten einhaltung der vorschriften
sowieso schon fast in vergessenheit geraten
und fußgängerübergänge sind inzwischen
zu fast unüberwindlichen hindernissen geworden
  ganz im gegensatz zu denen in uganda
wo man die straße mit der nötigen aufmerksamkeit
jederzeit und überall überquert
ohne den verkehrsfluss wirklich zu behindern
  so lobenswert ein gesetz auch ist
das fußgänger schützen will
aber wie glaubwürdig ist es
von umweltschutz und co2-minimierung zu reden
wenn ein 18- oder mehr-tonner abbremsen

und mühsam wieder beschleunigen muss
nur weil ein einzelner
just in dem moment über die straße gehen will
  alles eine folge
unseres ausgeprägten regulierungsverlangens
fragezeichen
unserer hörigkeit gegenüber regeln
weiteres fragezeichen
der verunmöglichung von eigenverantwortung
infolge zu intensiver juristerei
in allen bereichen unseres lebens
großes fragezeichen
  je mehr solcher gedanken in mir auftauchen
umso mehr beginne ich
das autofahren hier in kampala zu genießen
  ich genieße die fahrt in dieser stadt
in der es wahrscheinlich
keine verkehrsordnung der welt schaffen würde
ihrer bezeichnung gerecht zu werden
wie ich schon lange keine fahrt mehr genossen habe
denn der verkehr fließt trotzdem
obwohl
oder vielleicht auch
weil man sich hier nicht so stur an regeln hält
und es stört mich überhaupt nicht
dass wir schier endlos brauchen
um aus der stadt hinauszukommen
  im gegenteil
ich bedauere es fast

als wir es endlich doch geschafft haben
denn inzwischen fühle ich mich
als autofahrer hier in kampala
wie ein fußballer in der höchsten spielklasse
   autofahren heißt hier
obwohl es auf den ersten blick
einfach nur hektisch erscheint
gegenseitige rücksichtnahme
und eingehen auf die absichten der anderen
   was wir hier kennenlernen
ist verkehrsbewältigung durch eigenverantwortung
in höchster vollendung

   in nabusanke
einem kleinen ort irgendwo auf dem weg
zwischen kampala und masaka
überqueren wir den äquator richtung süden
   natürlich machen auch wir halt
und stellen uns für ein paar erinnerungsfotos
vor das einfach gestaltete monument
   wir sind die einzigen europäer in der schar
aber das scheint hier außer uns
niemandem aufzufallen
und schon gar nicht irgendwen zu stören
denn es zeigt niemand scheu davor
sich mit anderen
und genauso auch mit uns
gemeinsam fotografieren zu lassen
   auf diese art kommen wir natürlich

zu viel interessanteren aufnahmen und momenten
als wenn wir zwei ganz allein
vor dem denkmal stehen würden
   fotoapparate und mobiltelefone
werden hin- und hergereicht
es wird posiert fotografiert und gefilmt
und sowohl für
als auch über die aufnahmen
gelacht und gescherzt
   die gute laune kann auch ein motorradfahrer
nicht mindern
nach der hautfarbe zu urteilen
handelt es sich um einen europäer
der sich mit seinem fahrzeug
vor das denkmal drängt
und rücksichtslos
den platz für sich alleine beansprucht
   dass deshalb nicht nur wir warten müssen
sondern auch
die beiden einheimischen freundlichen damen
die wir eben gebeten haben
von uns ein foto zu machen
bemerkt er gar nicht

   zwischen den marktständen
neben dem äquatormonument
sehe ich eine gruppe von menschen sitzen
die mir unter anderem
auch wegen der farbenpracht ihrer kleidung

ins auge stechen
   ich frage sie
ob sie sich denn mit uns fotografieren ließen
ich würde ihnen dafür selbstverständlich
auch etwas geld geben
   sie stimmen bereitwillig zu
und haben großen spaß an den bildern
vor allem aber daran
dass sie nach herzenslust fotografieren dürfen
aber das geld
das ich ihnen anschließend dafür biete
wollen sie ganz gegen die erfahrungsberichte
in meinem reiseführer
trotz ihrer
nach europäischen maßstäben
offensichtlichen armut
partout nicht annehmen
   geld ist anscheinend doch nicht so wichtig
wie man in europa immer meint

   einige zeit später entdecken wir in mpigi
etwas abseits der durchzugsstraße
ein kleines lokal mit einer netten terrasse
das wir für einen kurzen erfrischungsstopp nützen
wie werden von einer jungen
sehr neugierigen kellnerin bedient
die sich
nachdem sie uns mit den wenigen gästen
ausgiebig besprochen hat

kurzerhand mit ihrer reisschüssel
zu uns an den tisch setzt
und hier ihr mahl fortsetzt
    wir scheinen eine echte attraktion zu sein
und bekommen diesen eindruck
von ihr auch bestätigt als sie uns erzählt
es käme nur äußerst selten vor
dass sich europäer hierher verirrten

    die banda lodge
in der wir die kommende nacht verbringen werden
ist eine sehr gemütliche unterkunft
am rande der 75000-einwohner-stadt masaka
mit romantischen
dem traditionellen baustil nachempfundenen
hütten
einer tollen
an rezeption und küche angeschlossenen
veranda
großartigem essen
und einem ebensolchen ausblick
auf den lichtersee der stadt
lichtermeer wäre doch etwas übertrieben
    bemerkenswert
nach dem gespräch mit unserem autovermieter
auf der rückfahrt von der bank
aber nicht mehr so verwunderlich für mich
ist das passwort für das w-lan im restaurantbereich
es lautet jesus 2019

die ugander stehen offensichtlich zu ihrer religion
  mit dem küchenchef nikolas
ergibt sich ein gespräch und wir fragen ihn
nach einer möglichkeit
die herstellung des sogenannten rindentuchs
international bekannt als barkcloth
besichtigen zu können
und die einzigartige methode kennenzulernen
die es ermöglicht
die rinde dieses besonderen baumes
so zu behandeln
dass sich daraus kleidungsstücke
taschen und ähnliche dinge fertigen lassen
  es handelt sich hierbei
um das wahrscheinlich älteste textil
in der menschheitsgeschichte
dessen ursprünge
bis in das dreizehnte jahrhundert zurückreichen
und das früher ausschließlich den monarchen
des bugandischen königreiches vorbehalten war
heute aber als ein
aus ökologischer sicht
besonders wertvolles produkt gilt
das noch dazu sehr angenehm zu tragen
und daher inzwischen auch für modelabels
äußerst interessant ist

  ich werde schauen
ob sich für morgen etwas organisieren lässt

ich denke es wird möglich sein
meint nikolas auf seine sehr bedächtige
fast schüchtern wirkende art
und schafft es damit trotzdem
uns für das gelingen dieses vorhabens
optimistisch zu stimmen
   wir sind mehr oder minder angewiesen auf ihn
denn in den reiseführern wird das rindentuch
zwar beschrieben
aber es findet sich nirgends ein hinweis
wo man zu diesem thema etwas besichtigen könnte

2-12 - barkcloth

   nach dem frühstück wollen wir uns
wie ausgemacht um 9 uhr mit nikolas treffen
um von ihm zu erfahren ob er etwas erreicht habe
und - wenn ja
wo wir diese betriebsbesichtigung machen könnten
   er ist natürlich schon früher da
und teilt uns mit es habe alles geklappt
und es sei auch
wenn wir damit einverstanden wären
eine private führung organisiert
abfahrt wäre pünktlich zur vereinbarten zeit
   um 9 uhr
als wir zum auto kommen
steht unser führer schon bereit

umgezogen
über das ganze gesicht grinsend
rucksack lässig über der rechten schulter
selbstbewusst die hand entgegenstreckend
einfach nicht wiederzuerkennen
  hi - können wir losfahren
legt erst einmal er los
und hat eine halbe minute später
schon mehr von sich gegeben
als am tag davor während des gesamten gesprächs
über unseren heutigen ausflug
  so erfahren wir zum beispiel auch
dass dieses nette cafe
in dem wir gestern in masaka eingekehrt sind
dem gleichen dänischen besitzer gehört
wie unsere lodge
zufälle gibt es
  wir fahren zunächst die tansania-road
die tatsächlich bis an die grenze führt
richtung süden
und biegen nach einigen kilometern links ab
  wir kommen an winzigen dörfern vorbei
sehen strohgedeckte lehmhütten
mit ihren bewohnern
in zufällig anmutenden gruppen davor
sehen männer im gespräch
frauen bei ihrer täglichen arbeit
spielende kinder
aber auch jede menge ziegen und hühner

die fahrt in dieser abgelegenen gegend
ist ein einziges erlebnis
und trotzdem erleben wir noch eine steigerung
als wir nach mehr als einer halben stunde fahrt
auf dem immer schmaler werdenden waldweg
rechts einbiegen
und vor einer einfachen hütte
sozusagen im privatesten uganda
das man sich nur vorstellen kann
stehenbleiben
    wir sind da
sagt unser begleiter und lächelt
als er sieht wie erstaunt
ungläubig beinahe
wir uns umsehen
    der hausherr kommt uns
in begleitung einiger kinder entgegen
und begrüßt uns
der rest der familie wartet auf dem kleinen platz
auf uns
der sich zwischen der ersten hütte
und einer weiteren befindet
die wir von der straße aus nicht sehen konnten
    unser führer der die familie gut zu kennen scheint
erklärt was wir vorhaben
woraufhin uns der hausherr bereitwillig
auf dem gelände herumführt und uns alles zeigt
    es gibt bananen und maracuja
vanille und kaffee

mais und bohnen
erdäpfel in verschiedenen farben und formen
jackfruit und noch eine ganze reihe
uns gänzlich unbekannter gewächse und früchte
und dazwischen immer wieder bäume
mit sehr eigenartig wirkender rinde
aber nur entlang ihres stammes
  sind das die bäume
denen die rinde abgenommen wird
stelle ich die naheliegende frage
  ich kriege meine vermutung bestätigt
und den vorgang erklärt
wie die rinde abgelöst
und so weit bearbeitet wird
dass sie verkauft werden kann
  er schält heute nicht zufällig auch einen
frage ich und kann es kaum glauben
als tom - der bauer - sich bereit erklärt
extra für uns einen baum auszusuchen
an dem die rinde
wieder weit genug nachgewachsen ist
um erneut abgenommen werden zu können
  wie oft kann man an einem baum
die rinde ernten
erkundigt sich barbara
  etwa alle zehn bis elf monate
und das bis zu sechzig jahre lang
gibt tom über unseren dolmetsch auskunft
und fordert uns auf mitzukommen

mit dem unverzichtbaren buschmesser
und einem zugespitzten weichholzstock
in der hand geht er uns voraus
schlägt uns mit ersterem den weg frei
wo die vegetation zu dicht steht
hält immer wieder ausschau
nach einem geeigneten objekt
und bleibt schließlich
vor einem geeigneten mutuba-baum
einer speziellen art des feigenbaumes
stehen
dem auch wir laien auf den ersten blick ansehen
dass seine rinde schon mehrmals
zu markte getragen worden ist
er macht sich unverzüglich an die arbeit
indem er die rinde
zunächst knapp über den wurzeln rundherum
und anschließend auch senkrecht
entlang des stammes aufschneidet
danach fährt er mit dem zugespitzen stock
wie mit einem messer zwischen holz und rinde
und beginnt die beiden zu trennen
schließlich steigt er auf eine
inzwischen nachgebrachte
allem anschein nach selbstgebaute
dreibeinige leiter
die auch in unebenem gelände sicher steht
und schneidet die rinde knapp unter den ästen
ebenfalls rundherum durch

es ist schier unglaublich
wie schnell und geschickt er die rinde
in einem einzigen stück vom stamm löst
ohne sie auch nur ein einziges mal zu zerreißen
    am ende wird das zirka siebzig zentimeter breite
und etwa drei meter lange rindenstück
vorsichtig zusammengerollt
geschultert
und zur hütte getragen
wo die raue äußere schicht abgekratzt wird
weil sich nur die weichere innere rinde
des ficus natalensis
wie er mit lateinischem namen heißt
für die weitere bearbeitung eignet
    danach wird es wieder zusammengerollt
und so für einige zeit gelagert
    an einem anderen stück wird uns demonstriert
wie die rinde in einem weiteren arbeitsgang
mit einem hölzernen gerillten rundhammer
buchstäblich weichgeklopft
und dabei auf ein vielfaches
ihrer ursprünglichen größe gedehnt wird
    um die neu erlangte form beibehalten zu können
wird die nun schon sehr elastische rinde
mit steinen beschwert in der sonne aufgelegt
um endgültig durchtrocknen
und verkauft werden zu können
    zwischendurch bekommen wir noch jackfruit
und auch einige andere früchte zu verkosten

deren namen ich noch nie gehört
und auch in keinem supermarkt je gelesen habe
ich bitte unseren dolmetsch den bauer zu fragen
wie viel geld er für eine solche rinde bekomme
denn ich möchte ihm diesen betrag dafür geben
dass er sich extra für uns diese arbeit gemacht hat
tom nennt den betrag und meint zuerst
ich wolle ihm die rinde abkaufen
als ich verneine und ihm das geld trotzdem gebe
hat er vor freude fast tränen in den augen
nach einem abschließenden foto
bringen wir unseren guide wieder zurück zur lodge
tauschen unsere telefonnummern aus
und machen uns gleich auf den weg
richtung lake mburo national park

wir sind für die fahrt durch uganda
die wir ja auf eigene faust unternehmen
also im normalfall ohne einheimische begleitung
eigentlich gut vorbereitet und ausgerüstet
wir haben nicht nur landkarten mit
sondern natürlich auch ein navigationsgerät
das wir zusammen mit dem auto gemietet haben
und das ist gut so
denn ab jetzt geht es weg von asphaltierten straßen
weg von städten und sogenannter zivilisation
und hinein in beinahe unberührte natur
in einsame nationalparks
hinein ins abenteuer

aber leider müssen wir bald feststellen
dass in unseren karten
viele der wege hier gar nicht eingezeichnet sind
und sich auch michaels navigationsgerät
in dieser gegend als unbrauchbar erweist
weil es nur exakte adressen
mit straßenname und hausnummer
als zieleingabe akzeptiert
und so etwas gibt es hier kaum
    das ist nicht sehr beruhigend
und als wir auf unserem weg
der mit löchern
und mit vom regen ausgewaschenen rinnen
nur so übersät ist
kaum vorankommen
stellen sich sehr bald leichte zweifel ein
ob dieser weg auch wirklich der reguläre sei
    nur lächerliche fünfzehn kilometer
waren bei der letzten abzweigung angegeben
erstaunlicherweise
denn wegweiser sind hier mangelware
und trotzdem findet sich fast eine stunde später
noch immer keine spur vom eagles nest
wie unser heutiges quartier heißt
    warum heißt es wohl eagles nest
beginnt barbara plötzlich dahinzuphilosophieren
ein adlerhorst muss doch abgelegen
und schwer erreichbar sein
sonst verdient er diesen namen gar nicht

wo sie recht hat hat sie recht
denke ich mir und bewundere zugleich auch
wie sie sich in diesem schwierigen gelände
als eine absolut souveräne fahrerin erweist
obwohl sie ein ähnliches terrain
davor noch nie probieren konnte
  aber auch sie findet jetzt
wie auch ich
immer mehr gefallen daran
sodass wir diese fahrt nicht als qual empfinden
sondern als unverzichtbaren teil unseres abenteuers
und nachdem wir das letzte stück des weges
das so steil ist
dass es unser toyota nur mit größter mühe schafft
endlich auch bewältigt haben
und auf der terrasse des eagles nests stehen
werden wir
mit einem derart überwältigenden ausblick
über den lake mburo
und den umliegenden nationalpark belohnt
dass wir die strapazen der fahrt
im selben augenblick vergessen haben

  am abend als wir schon längst beim dinner sitzen
finden sich zwei weitere gäste ein
die den grund für ihr spätes eintreffen
mit junior - dem rezeptionisten
für uns unüberhörbar besprechen
  sie haben ein problem

an der vorderachse ihres wagens
und sind nun dabei
mit juniors hilfe einen mechaniker aufzutreiben
der die unumgängliche reparatur
noch am abend durchführen könnte
   das hätte uns natürlich auch passieren können
streicht barbara unser bisheriges glück hervor
und als wir die zwei
nachdem tatsächlich ein mechaniker da war
und sie in ihrem zelt quartier bezogen haben
zu uns an den tisch bitten
erfahren wir mehr über sie und ihr problem
   patrick arbeitet zuhause in einem reisebüro
und yasmina ist eventmanagerin
sie kommen beide aus düsseldorf
und haben ihre tour so ähnlich geplant wie wir
haben aber schon heute den nationalpark erkundet
weil sie bereits morgen zeitig in der früh
richtung bwindi-nationalpark
zu den berggorillas aufbrechen wollen
   zuerst hätten sie dieses vorhaben
schon als gescheitert gesehen
was aufgrund der doch sehr hohen gebühren
für diese tour
einer mittleren katastrophe gleichgekommen wäre
aber der mechaniker
habe ihnen wieder mut gemacht
als er ein defektes radlager vorfand
es sofort ausbaute und ihnen versicherte

er werde bestimmt ein passendes auftreiben
und es noch heute einbauen können
   also reden wir nicht mehr darüber
zog patrick einen vorläufigen schlussstrich
unter dieses thema
es gibt ja auch erfreulichere dinge
was sagt ihr zu diesem quartier
ist es nicht unglaublich
   und nicht nur die lage
ergänzt ihn seine freundin
auch wie man das mit den zelten gelöst hat
finde ich toll
jedes auf einem befestigten platz
unter einem dach
mit eigenem bad und wc
und einer gemütlichen kleinen terrasse davor
sehr romantisch
   wir können ihr nur zustimmen
in ihrer schwärmerei
die aber im laufe des gesprächs
in dem wir uns hauptsächlich
über unsere bisherigen erfahrungen
und weiteren vorhaben auf dieser
sowie unseren interessantesten reisen bisher
austauschen
je später es wird
immer mehr der berechtigten sorge weicht
der mechaniker würde heute nicht mehr kommen
   patrick dagegen sieht das viel gelassener

wir sitzen noch einige zeit gemütlich beisammen
bis barbara schließlich gegen 11 uhr meint
es sei nun wirklich zeit für sie schlafen zu gehen
aber ich könne ja noch sitzen bleiben
    ok - sage ich
wenn ich ausgetrunken habe komme ich auch
    dazu komme ich aber nicht mehr
denn kaum ist sie weg
kommt sie auch schon wieder
ganz aufgeregt zurück
    komm schnell
da sind ganz viele tiere vor unserem zelt
    ganz viele tiere - welche
frage ich sie etwas ungläubig
    keine ahnung aber die haben mich alle
mit riesigen augen angestarrt
    als wir hinkommen sehen wir gerade noch
wie die letzten von ihnen
in der dunkelheit verschwinden

3-12 - im lake mburo national park

    ich werde um zirka sechs uhr munter
normalerweise gerade die richtige zeit
sich noch einmal genüsslich umzudrehen
und weltvergessen weiterzuschlafen
    nicht aber hier und jetzt
sage ich mir

öffne das zelt möglichst leise
um barbara nicht zu wecken und blicke hinaus
   eine traumhafte stimmung empfängt mich
die silhouetten der berge ringsum
der see mittendrin
die eben erst aufgehende sonne
und der erwachende nationalpark
   ich nehme auf der couch vor dem zelt platz
und genieße die wanderung meines blicks
durch die großartige landschaft
   da sticht mir ganz unten am fuße des hügels
auf dem sich unser quartier befindet
ein bewegungsloser umriss in die augen
pferd oder esel - denke ich mir
oder kann es sein dass es sich um ein zebra -

   ja natürlich - es ist ein zebra
weiß ich im nächsten augenblick
mein erstes zebra
nichts besonderes
eigentlich
aber hier
in freier wildbahn
   es ist erstaunlich an sich selbst zu erfahren
wie die umgebung die wahrnehmung bestimmt
und so kann ich das hochgefühl
das sich in mir auszubreiten beginnt
unmöglich für mich alleine behalten
also wecke ich barbara

und wir betrachten das tier
das immer noch ganz ruhig dasteht
durch das zoomobjektiv der kamera
und freuen uns wie kleine kinder
als schließlich die erste aufnahme
zu unserer beider zufriedenheit gelingt
    patrick kommt aus seinem zelt
er sieht schon startbereit aus
    ich frage ihn ob alles geklappt habe
er bejaht mit deutlich sichtbarer erleichterung
aber es sei sehr spät geworden
und daher hätte er diese nacht kaum geschlafen
    wir verabschieden uns von den beiden
yasmina ist inzwischen auch dazugekommen
begeben uns zum frühstück
und starten danach unverzüglich
richtung nationalpark
    eines der nur zwei gates
durch die man in diesen nationalpark gelangt
befindet sich
in unmittelbarer nähe zu unserem quartier
wir erreichen es nach nur wenigen minuten
    am gate ist es sehr ruhig
wir sind im moment die einzigen besucher
und es bietet sich daher an
zunächst eine geführte tour zu fuß zu machen
ohne bewaffneten führer ist dies nicht möglich
und danach den park mit dem auto
auf eigene faust zu erforschen

wir haben den einfahrtsbereich kaum verlassen
schon deutet uns rebecca
unsere einheimische begleiterin
leise zu sein
water bucks - flüstert sie
wir können noch nichts erkennen
aber ihr geübter blick hat die beiden wasserböcke
sofort entdeckt
das sind sie
ruft barbara plötzlich
sie kann sich trotz rebeccas hinweis
nicht zurückhalten
die habe ich gestern gesehen
das ist durchaus möglich
bestätigt rebecca barbaras beobachtung
denn diese tiere suchen in der nacht
immer höhergelegene plätze auf
und so gesehen liegt eagles nest ideal für sie
etwas später stoßen wir
auf eine gruppe anderer tiere
cobs - impalas - erklärt rebecca
sie gehören zu einer größeren gruppe
die nach ein paar schritten vor uns auftaucht
aus der bezeichnung impala hat sich
wie wir von unserer kompetenten führerin erfahren
der name der hauptstadt kampala entwickelt
weil in der gegend
wo die stadt entstanden ist
davor besonders viele dieser gazellen gelebt haben

rebecca weiß auf unserer zweistündigen tour
auch sonst vieles zu erzählen
über die tiere dieses flächenmäßig zwar kleinsten
aber sehr attraktiven
nationalparks in uganda
  so zum beispiel auch
dass er die meisten zebras beherbergt
und als einziger auch die größte antilope des landes
die elenantilope
  auch die vielfalt ist bemerkenswert
wir sehen noch warzenschweine und büffel
verschiedene vogelarten
sogar einen mungo
der sich in einen alten termitenbau einquartiert hat
und erfahren außerdem
dass es auch giraffen und sogar leoparden gibt
  letzterer interessiert uns besonders
ist der auch zu sehen
frage ich rebecca
  mit sehr viel glück schon
lächelt die angesprochene
aber am tag so gut wie nie - leider
doch wir sollten uns jetzt auf den rückweg machen
meint sie und zeigt dabei auf die wolken
die sich aufzutürmen beginnen
  sie weiß wovon sie spricht
denn wir haben
kaum die hälfte des weges zurückgelegt
da fallen auch schon die ersten tropfen

und als wir das schützende bürogebäude
am gate endlich erreichen
können wir beobachten
wie der typische mittägliche tropenregen
auch schon wieder abklingt
    als wir wieder einigermaßen trocken sind
setzen wir unsere erkundungstour
durch den nationalpark mit dem auto fort
    es fallen ab und zu noch einige regentropfen
doch das ist weiter kein problem
    im gegenteil
wir stellen fest
dass uns die tiere im regen
viel näher an sich heranlassen als zuvor
    noch immer dürfen wir uns
als die einzigen besucher fühlen
    erst am lake mburo
wo wir auf der einladenden terrasse
einer kleinen imbissstube
der einzigen gaststätte im park
platz nehmen
und den blick über den see genießen
treffen wir auf zwei weitere fahrzeuge
    als der regen ganz aufgehört hat
machen wir entlang des seeufers
einen erkundungsspaziergang
da hören wir plötzlich ein dumpfes brummen
ein schnaufen
ein auf anhieb sympathisches grunzen

das in immer gleicher abfolge
meist vierteilig sowohl in der lautstärke
als auch in der tonhöhe rasch abschwellend
ausgestoßen wird
und dabei eine solche ruhe
und einladende gemütlichkeit
zugleich auch hochgradig ansteckend gute laune
verbreitet
dass wir uns jedesmal wenn es ertönt
einem lachen nicht entziehen können
   obwohl dieses geräusch
keiner von uns beiden je gehört hat
ist uns sofort klar worum es sich dabei handelt
   hippos - nilpferde
wir gehen den lauten natürlich nach
und entdecken hinter bäumen und sträuchern
eine ziemlich große gruppe
dieser gefährlichen tiere im wasser
die man aber trotz ihrer größe und gefährlichkeit
passenderweise nur als possierlich bezeichnen kann
   da das ufer hier etwa zwei meter steil abfällt
können wir sie in ruhe und vor angriffen geschützt
aus nächster nähe beobachten
ein fantastisches erlebnis
von dem wir gar nicht genug bekommen können
   wir müssen uns regelrecht losreißen
was aber deswegen einigermaßen leicht gelingt
weil unser nächstes ziel ein wasserloch ist
an dem es laut patrick und yasmina

neben nilpferden auch viele andere tiere
zu beobachten gibt
    die beiden haben sich zwar
auf den äußerst schlechten wegen dorthin
ein kaputtes radlager eingefangen
und wären im schlamm beinahe steckengeblieben
aber das alles hält uns nicht davon ab
es ebenfalls zu versuchen
    wir finden die von ihnen beschriebene
abzweigung vom markierten wegenetz auf anhieb
und ihre schilderungen über den zustand
speziell dieses weges nach dem heutigen regen
mehr als nur bestätigt
    wollen wir das wirklich
sollte ich eigentlich fragen als wir hier einbiegen
aber ich komme gar nicht auf die idee zu fragen
und fahre selbstverständlich weiter
das abenteuer lockt unwiderstehlich
    trotz einiger wirklich heikler stellen
schaffen wir es bis zum wasserloch
und sehen tatsächlich auch hier nilpferde
und vor allem unterwegs hierher
auch zahlreiche andere tiere
darunter auch elenantilopen
und den kronenkranich
das ugandische wappentier
die fahrt zum wasserloch hat sich ausgezahlt
    wir wollen nun um zeit zu sparen
und diesen schlechten weg

nicht auch noch zurückfahren zu müssen
vom wasserloch aus nach norden weiterfahren
weil wir in dieser richtung das gate wissen
das um 18 uhr geschlossen wird
    einen weg gibt es
auch wenn er ebenso wie der bis hierher
auf keiner karte eingezeichnet ist
aber wir müssen bald feststellen
dass er keine spur besser ist
    solange er nicht schlechter wird
versuche ich uns beiden mut zu machen
fahren wir weiter
umkehren können wir immer noch
und bald schon sind wir froh darüber
denn wären wir
so wie unsere deutschen freunde
den gleichen weg zurückgefahren
hätten wir die einzige giraffenfamilie die es hier gibt
nicht gefunden
so aber stehen wir da und staunen
machen
obwohl es wieder zu regnen beginnt
unzählige fotos
und genießen unsere entdeckung

    immer öfter kommen wir nun an verzweigungen
die zwar meist schnell nur als umfahrungen
größerer schlammlöcher zu identifizieren
aber inzwischen auch schon sehr ausgefahren sind

und uns manchmal sehr lange
im unklaren darüber lassen
ob es sich vielleicht nicht doch
um eine echte abzweigung handelt
  es ist halb fünf
der regen wird langsam stärker
und unsere zuversicht etwas weniger
weil immer häufiger einzelne passagen
nur mit äußerster konzentration
und größtem fahrgeschick zu bewältigen sind
und nicht absehbar ist
wann wir wieder auf einen dieser
markierten hauptwege kommen werden
  umkehren hat schon längst keinen sinn mehr
weil wir dann auf jeden fall
zu spät zum gate kommen würden
also kämpfen wir uns weiter
und bringen gerade wieder eine dieser
nun schon sehr schwierigen umfahrungen
glücklich hinter uns
als ich vor einem größeren gebüsch etwas
so schnell nicht erkennbares weghuschen sehe
das meinen blick aber nur kurz ablenken kann
weil er im selben moment
von etwas so unglaublichem gefesselt wird
dass ich es zunächst gar nicht glauben kann
  ich bringe das auto sofort zum stehen
und greife
während ich barbara auf den grund des stopps

aufmerksam mache zur kamera
  ist das wirklich ein leopard
kann auch barbara
unsere sensationelle entdeckung kaum fassen
  aber noch viel unglaublicher ist
dass er selber noch mehr perplex zu sein scheint
als wir
und daher einfach sitzen bleibt
  viel zu kurz natürlich
dass wir uns wirklich sattsehen können
aber viel länger
als ich das jemals für möglich gehalten hätte
  auf jeden fall lang genug
nicht nur für einige tolle fotos
sondern auch um vorübergehend zu vergessen
in welch ernster lage wir uns eigentlich befinden
  trotzdem finden wir es sehr schade
als er sich schließlich erhebt
und unvergleichlich geschmeidig
im gebüsch verschwindet
  so ein glück - schwärmt barbara
nun haben wir schon am ersten tag
im ersten nationalpark mehr gesehen
als die meisten touristen trotz professioneller guides
jemals zu gesicht bekommen
  das stimmt - gebe ich ihr recht
aber nun sollten wir schauen
dass wir noch rechtzeitig zum gate kommen
  es regnet nun unaufhörlich

wodurch nicht nur die wege
sondern auch die sicht immer schlechter wird
und wir manchmal nur raten können
wo der weg weitergeht
  wir wissen zwar
dass wir irgendwann
wieder auf einen befestigten stoßen müssen
aber wir haben keine ahnung wann das sein wird
  das problem ist also nicht
dass wir uns verirrt hätten
sondern dass uns die zeit davonzulaufen beginnt
und als ob das alles zusammen
nicht schon genug an problemen wäre
stehen plötzlich zwei büffel mitten auf dem weg
  weiterfahren unmöglich
weiträumig umfahren ebenfalls
es bleibt uns nichts anderes übrig als zu warten
bis sie den weg wieder freigeben
  endlich beginnt der eine ganz gemächlich
einen fuß vor den anderen zu setzen
und der zweite folgt ihm
großes aufatmen in unserem toyota
  doch wir haben die beiden
kaum aus den augen verloren
da kommt es noch schlimmer
denn nun steht eine ganze herde büffel vor uns
und lässt nicht das geringste anzeichen erkennen
sich jemals auch nur einen meter weiterzubewegen
  das gate können wir vergessen

sage ich
schiebe ein stück zurück
weil einige der tiere gar so neugierig herüberblicken
und stelle den motor ab
   es ist inzwischen schon viertel sechs
und aufgrund des regnerischen tages
schon relativ dunkel
   barbara versucht irgendjemand
telefonisch zu erreichen
der am gate bescheid sagen könnte
dass wir etwas später kommen
denn die chance
dass jemand zufällig vorbeikommt
ist gleich null
   wir haben
seit wir vom see aufgebrochen sind
keinen menschen mehr getroffen
   da das netz immer wieder ausfällt
auf meinem handy ist gar keines zur verfügung
ist das kein einfaches unterfangen
   im eagles nest meldet sich niemand
also versucht sie es auf gut glück
einfach mit nummern anderer lodges
   nach unzähligen versuchen
erreicht sie endlich jemand
der ihr die nummer eines gewissen william
eines rangers im lake mburo national park gibt
   die verbindung klappt
sie kann ihm natürlich nicht genau sagen

wo wir uns befinden
aber sie gibt ihm die koordinaten durch
die ich auf meinem handy angezeigt bekomme
wir können seiner reaktion nicht entnehmen
ob er damit etwas anfangen kann
aber er meint in aller ruhe
er werde sich in ein paar minuten wieder melden
  einigermaßen beruhigt lehnen wir uns zurück
und warten
es ist 17 uhr 45
  nun weiß zumindest jemand bescheid
sage ich
hast du noch genügend strom für dein handy
  das ist kein problem
antwortet barbara
aber das netz ist immer nur kurz da
hoffentlich fällt es nicht ganz aus
sonst kann er uns gar nicht anrufen
  wir warten und warten
es passiert nichts
weder erhalten wir von william einen anruf
noch machen die büffel anstalten
den weg endlich freizugeben
  das würde jetzt auch nichts mehr nützen
sage ich zu barbara nach kurzem nachdenken
denn erstens würden wir auf jeden fall
schon zu spät kommen
und zweitens wäre es nicht schlau
jetzt noch weiterzufahren

wo wir doch eben erst
die koordinaten bekanntgegeben haben
    als ob die büffel das gehört hätten
beginnen sie einer nach dem anderen
sich gemütlich hinzulegen
    von einer minute auf die andere
wird es stockfinster
und schön langsam beginnen wir
uns mit dem gedanken anzufreunden
die nacht im auto
mitten im afrikanischen irgendwo zu verbringen
    18 uhr
jetzt sind wir wahrscheinlich wirklich
mutterseelenallein
hier im 260 quadratkilometer großen park
    barbara bleibt zu meiner ver-
die bald einer be-wunderung weicht
absolut ruhig und gefasst
    da meldet sich endlich der ranger wieder
und versucht noch einmal
mithilfe unserer erinnerungen und beobachtungen
zu rekonstruieren
wo wir uns befinden könnten
denn mit den koordinaten war es ihm nicht möglich
    wir versuchen möglichst genau zu beschreiben
wo wir überall vorbeigekommen sind
bis william plötzlich meint
ok - ich werde versuchen ein fahrzeug aufzutreiben
ich melde mich wieder

das warten geht weiter
ich nütze die zeit
und schreibe die ereignisse des heutigen tages
nieder

als william sich erneut meldet ist es 19 uhr 25
er schätzt
in etwa einer halben stunde in unserer nähe
zu sein und wir sollten
damit er uns leichter finden könne
in zirka zwanzig minuten beginnen
mit den autoscheinwerfern lichtzeichen zu geben
ich beginne natürlich etwas früher damit
indem ich ab und zu die lichthupe betätige
das schaut in der dunkelheit gespenstisch aus
und muss sicher weithin zu sehen sein
bald schon stelle ich auf regelmäßige abstände um
weil ein derartiges signal eindeutiger als notruf
zu erkennen ist
ich beginne mit zehn-sekunden-abständen
die ich durch gedankliches zählen
gleichmäßig zu halten versuche
und nehme mir vor
falls es noch notwendig sein sollte
um 20 uhr 15 auf fünf sekunden umzustellen
es ist leider notwendig
denn es passiert nichts - absolut nichts
und es ist auch kein lichtschein zu sehen
den wir auf jeden fall wahrnehmen müssten

wenn ein retter nahen würde
es ist unvorstellbar öd
im finstern im engen auto zu sitzen
und über eine stunde lang nichts anderes zu tun
als ab und zu den lichtschalter zu betätigen
war es am anfang noch halbwegs interessant
die szenerie im kurz aufblitzenden lichtkegel
zu beobachten
wird mir auch das nach so langer zeit zu dumm
und ich achte gar nicht mehr darauf
doch plötzlich kommt bewegung
in die kurzen lichtsequenzen
die büffel
die sich durch das licht anscheinend gestört fühlen
beginnen abzuwandern
zu spät für uns
aber sollte tatsächlich noch rettung kommen
brauchen wir ja auch freie bahn
die uhr zeigt mittlerweile 20 uhr 45
ich nehme mir vor
um 21 uhr den motor zu starten
damit die batterie nicht leer werden kann
dann werden wir irgendwann spontan entscheiden
wie lange wir die lichtsignale
noch für sinnvoll halten
obwohl wir beide sehr ruhig sind
ist es doch ein eigenartiges gefühl
mitten in der wildnis allein im auto zu sitzen
und nicht zu wissen was weiter passieren wird

zum glück habe ich noch im letzten tageslicht
meine notdurft verrichtet
aber es ist klar dass wir wahrscheinlich beide
noch einmal hinaus müssen
wenn wir tatsächlich gezwungen sind
die nacht hier zu verbringen
    dieser gedanke schafft es momentan als einziger
mich etwas unruhig werden zu lassen
vor allem deshalb
weil wir am nachmittag unweit von hier
unsere zu dieser zeit wundervolle
nun aber umso mehr respekt gebietende begegnung
mit dem leoparden hatten
leoparden sind nachtaktiv

    während ich mit solchen gedanken beschäftigt bin
ist es mir plötzlich
als hätte ich im rückspiegel kurz ein licht gesehen
    wir blicken uns beide hoffnungsvoll um
nichts
sollte ich mich getäuscht haben
verwunderlich wäre es nicht nach so langer zeit
in dieser umgebung
    die uhr zeigt 20 uhr 55
ich starte den motor
schalte das licht ein und betätige die hupe
    nun sehe ich das licht wieder
kein zweifel - es kommt näher
und dieses mal sieht es auch barbara

einige sekunden später
hält ein motorrad hinter unserem auto
    gerettet
schießt es mir durch den kopf
    wir steigen aus
und sehen uns zwei männern gegenüber
es sind die beiden ranger william und aaron
die sich vor lachen kaum halten können
    amüsieren sich die zwei über uns so köstlich
frage ich mich
begrüße sie aber trotzdem äußerst erleichtert
hi - schön dass ihr uns gefunden habt
    ja - sehr schön - auch der sturz
lacht william weiter
als ob es nichts schöneres geben könnte
als um diese zeit
wo man sonst schon lange dienstschluss hat
und bei diesem wetter hinausfahren zu müssen
um ein paar verrückte touristen zu suchen
    wie habt ihr uns eigentlich gefunden
frage ich sie
und william erklärt bereitwillig
seine taktik für solche fälle
    ganz einfach
wir sind auf einen hügel hinaufgefahren
um eure lichtzeichen besser sehen zu können
der rest war ein kinderspiel
    die lockere art der beiden und ihre gute laune
schaffen im nu eine atmosphäre

die man fast
als freundschaftlich bezeichnen könnte
und als sich im weiteren verlauf des gesprächs
herausstellt
dass sie genau in dem moment gestürzt sind
als ich zum ersten mal ein licht zu sehen glaubte
müssen wir wieder lachen
zufälle gibts - die gibts gar nicht

  wir werden mit dem motorrad vorausfahren
und ihr folgt uns
schlägt william vor
doch als ich ihm anbiete im auto mitzukommen
weil es bei diesen bedingungen
auf dem motorrad zu zweit doppelt so schwer ist
willigt er sofort ein
da er das ja auch weiß
diesen vorschlag aber aufgrund seiner
zwar unkomplizierten aber trotzdem
vornehmen art nie gemacht hätte
  die nun folgende fahrt hinter aaron
der auf den schlammigen wegen größte mühe hat
auf seinem fahrzeug die balance zu halten
gestaltet sich bei künstlichem licht
noch viel abenteuerlicher als am tag
  william muss auch mehrmals aussteigen
um an unpassierbaren stellen
zu fuß eine mögliche umfahrung zu suchen
  unterwegs erzählt er uns

dass er anfangs auf den anruf
gar nicht reagieren wollte da es sich doch
um eine ausländische nummer gehandelt habe
es aber dann doch tat
    doppeltes glück für uns
stellen barbara und ich in aller einigkeit fest
    this is a peaceful country - we are good people
antwortet william mit vollem positiven stolz
fühlt euch wie zuhause
und wenn ihr wieder einmal nach uganda kommt
werdet ihr euch fühlen wie jemand
der nachhause kommt
ihr werdet sehen
    william ist seit vier jahren hier ranger
kennt inzwischen alle nationalparks in uganda
und stammt aus einem kleinen dorf
am kazinga channel
an dem auch wir zwei tage verbringen werden
    es ist das erste dorf in das ihr kommt
wenn ihr den kanal richtung norden überquert
erklärt er uns
    das haus ist leicht zu erkennen
es ist das erste mit einem massiven ziegeldach
auf der rechten seite
    schade
dass wir dich dort nicht antreffen werden
wir hätten dich besuchen können
meint barbara
und zeigt ihm ein foto von unserem leoparden

er ist total begeistert
und wird nicht müde immer wieder zu betonen
wie viel glück es erfordert so ein tier zu sehen

um 22 uhr 15 erreichen wir endlich das gate
wir bedanken uns noch einmal bei unseren rettern
zeigen uns
mit einem angemessenen trinkgeld erkenntlich
und machen ein gemeinsames erinnerungsfoto
was wir heute alles erlebt haben
und wie viel glück wir dabei hatten
das ist so eine fantastische geschichte
die glaubt uns nie jemand
sage ich als wir uns von den beiden verabschieden
und williams antwort darauf
klingt beinahe schon philosophisch
geschichten sind wichtig in unserem leben
wir brauchen geschichten
die wir erzählen können

wir bringen auch die steile
und nach dem heutigen regen
noch dazu sehr rutschige auffahrt zum eagles nest
glücklich hinter uns
und lassen uns das köstliche dinner
mit dem junior noch immer auf uns wartet
ganz besonders gut schmecken
als abschluss dieses außergewöhnlichen tages
genehmige ich mir noch einen blue label

und kurz vor mitternacht begeben wir uns müde
aber sehr sehr glücklich zu bett

   ich kann nicht sofort einschlafen
zu vieles geht mir noch durch den kopf
vor allem dieser eine satz von william
this is a peaceful country - we are good people
   ein kleiner unscheinbarer satz
we are good people
aber er beschäftigt mich
   wie selbstverständlich er das gesagt hat
wie überzeugend überzeugt und ehrlich
es geklungen hat
   würde man so etwas jemals
auch aus dem mund eines europäers
zu hören bekommen
   würden wir
die bewohner der sogenannten ersten welt
so etwas je über unsere landsleute
oder über uns selbst sagen
   und warum eigentlich nicht
sind uns diese worte
die doch höchstes lob für einen menschen bedeuten
zu gestrig
   empfinden wir sie als kitschig
oder sogar peinlich
während man in der welt eines william
die so abwertend als dritte bezeichnet wird
zu recht stolz darauf ist

immer mehr fragen drängen sich mir auf
wollen beantwortet werden
lassen mich nicht einschlafen
   hat menschlichkeit
bei uns tatsächlich noch diesen stellenwert
den sich unsere gesellschaft an ihre fahnen heftet
der ihr laut offizieller erzählung eingeräumt wird
den sie nach geltendem gesetz zu haben hat
weil die einhaltung der menschenrechte
auch verfassungsmäßig verankert ist
weil es das gesetz so will
   will es nur das gesetz so oder wir auch
wollen wir es wirklich
   warum neigen wir eigentlich immer mehr dazu
alles per gesetz zu regeln
alles zu verordnen
obwohl man weiß
dass das nicht möglich ist
   manche dinge lassen sich einfach nicht verordnen
und dazu gehören eben vor allem auch
diese positiven menschlichen eigenschaften
wie zum beispiel hilfsbereitschaft
die man in diesem land überall
in so beeindruckender weise erleben kann
   diese echte hilfsbereitschaft
die keine gegenleistung fordert
die einfach da ist weil man gerne hilft
weil es die menschlichkeit gebietet
und weil mit geboten größeres zu erreichen ist

als mit gesetzen
  werden solche gebote der menschlichkeit
auch bei uns noch wahrgenommen
oder zählt einzig und allein das gesetz
  anders gefragt
zählt nichts
was nicht gesetz ist
  wohin hat die menschliche entwicklung
in unseren breiten geführt
was wird heute als wichtiger gesehen
was wird eher angestrebt
was zählt mehr
und wird auch entsprechend bewundert
  paragraphen und vorschriften
oder der mensch
  das perfekte funktionieren politischer systeme
die eingebettet sind
in erfolgreich vermarktete ideologien
und abgesichert durch zweckdienliche gesetze
oder das wohl des einzelnen
  ist uns der erfolg wichtiger
auch wenn er auf kosten anderer geht
oder die menschlichkeit
  bewundern wir egoistische zielstrebigkeit
und durchsetzungsvermögen
auch das mit allen mitteln
letztendlich mehr als jede kompromissbereitschaft
mehr als die bereitschaft gelegentlich nachzugeben
ist selbstsucht salonfähiger als hilfsbereitschaft

haben wir menschlichkeit nicht schon lange
gegen professionalität ausgetauscht
hat sie nicht schon längst
dem allgegenwärtigen perfektionismus
weichen müssen
   gibt es in unserer erfolgsorientierten welt
keinen platz mehr für gute menschen
weil sie vielleicht
nur als schwächlinge gesehen werden
   ist uns nicht der tüchtige mensch
viel mehr wert als der gute
   ist es nicht sogar so
dass der gute mensch als störend empfunden wird
weil er die ordnung stört
   die ordnung die wir uns
mit unzähligen paragraphen
im laufe unserer geschichte geschaffen haben
und die ein guter mensch gar nicht braucht
   eine ordnung
die wir uns von einer heerschar von juristen
aufrechterhalten lassen
die uns in einem ausgeklügelten system
das vertrauen in die mitmenschen
durch rechtsschutzversicherungen
und hilfsbereitschaft
durch ausfallshaftungen ersetzen lassen
die uns zu immer mehr egoismus
und immer mehr rücksichtslosigkeit ermutigen
und die lust in uns wecken

den anderen bei jeder gelegenheit zu verklagen
weil sich daran auch gut verdienen lässt
   alles muss einklagbar sein
recht hat mit gerechtigkeit
schon längst nichts mehr zu tun -
und wo bleibt die menschlichkeit

   in österreich wären wir nach einem abenteuer
wie wir es heute erlebt haben
möglicherweise vor gericht
zur verantwortung gezogen worden
und man hätte diesen nächtlichen einsatz
unter umständen bis auf den letzten cent eingeklagt
   william und aaron haben freiwillig
außerhalb ihrer dienstzeit
und aus reiner hilfsbereitschaft heraus gehandelt
und dabei sogar noch spaß gehabt

   wir können es als fortschritt sehen
dass wir ein verpflichtendes regelwerk
in dem menschliches handeln nicht gefragt
ja sogar unerwünscht ist
um menschliches versagen auszuschließen
immer perfekter gestalten
   oder wir sehen es als erstrebenswert
dass es in unserem leben
immer genug platz für eigenverantwortung
sowie gegenseitige rücksichtnahme und hilfe gibt
   was entspricht unserer bestimmung mehr

ich kann diese fragen nicht beantworten
will auch kein urteil sprechen
doch haben mich williams worte
sehr zum nachdenken angeregt
und ich muss plötzlich
an den human development index denken
der ausdrücken soll
wie weit die menschliche entwicklung
in den einzelnen staaten der welt gediehen ist
und es wird mir erstmals bewusst
wie problematisch es ist
menschliche entwicklung in zahlen auszudrücken
und frage mich daher
ob der unterschied
zwischen menschheitsentwicklung
in welche richtung auch immer
und entwicklung der menschlichkeit
von denen die glauben
einen index dazu berechnen zu müssen
tatsächlich nicht erkannt wird
oder gar nicht bemerkt werden will
ich frage mich
ob alles nur mehr fassade ist
weil wir gar nicht mehr bereit sind
darüber nachzudenken
dass wir die begriffe mensch und menschlichkeit
immer mehr voneinander trennen
und fortschritt nur auf technischem gebiet
als solchen sehen

und nicht in unserer entwicklung als mensch
oder ob es uns zwar bewusst ist
wir aber nichts dabei finden
eine entwicklung
die menschlichkeit gar nicht richtig wertschätzt
trotzdem
als menschliche entwicklung zu bezeichnen
sodass man eigentlich von einem
betrug an der menschlichkeit
sprechen müsste

4-12 - weiterfahrt nach buhoma

   wir haben heute außer der fahrt nach buhoma
wo wir die berggorillas sehen werden
nichts weiter auf unserem plan
und sind darüber eigentlich sehr froh
   laut navi werden wir
für unser 268 kilometer langes vorhaben
das in österreich in drei stunden erledigt sein dürfte
etwa fünf stunden brauchen
aber unsere hoffnung ist groß
dass dieser tag weniger aufregend
das heißt frei von unliebsamen überraschungen
verlaufen könnte als der gestrige
also gehen wir den tag eher gemütlich an
und lassen uns beim frühstücken mehr zeit als sonst
   als wir endlich aufbrechen ist es schon zehn uhr

aber wir kommen trotz eher schlechter straßen
relativ zügig voran
weil es auf dieser etappe überraschenderweise
großteils relativ gut asphaltierte straßen gibt
  barbara ist unterwegs damit beschäftigt
eine digitale landkarte auf ihr handy zu laden
damit wir eine weitere alternative haben
zu unserer nicht sehr detailreichen landkarte
und dem unverlässlichen navigationsgerät
  als ihr das gelingt ist sie ganz begeistert
weil auf dieser karte
nach erfolgter strecken- und fahrtzeitberechnung
die positionsanzeige auch offline funktioniert
und wir nun außerdem
wie es scheint
ugandas komplettes wegenetz zur verfügung haben
  schick doch noch einmal ein dankeschön
an william
sage ich zu barbara
als sie mit der installierung
unserer neuen navigationshilfe fertig ist
der freut sich sicher darüber
  unsere route führt uns vom lake mburo
über mbarara und ntungamo
welch klingende namen
nach rukungiri
wo wir zirka 80 km vor dem ziel
um kein unnötiges risiko einzugehen
noch einen tankstopp machen

weil hier die asphaltierte straße
und damit auch die verlässliche versorgung endet
   in dem kleinen shop an der tankstelle
ist auch eine junge frau
die sich ihr baby auf den rücken gebunden hat
es schläft tief und lächelt selig
   darf ich es fotografieren
frage ich sie
   bereitwillig gibt sie mir die erlaubnis
und lacht als ich ihr das foto zeige
   nach dieser kleinen pause
geht unsere fahrt auf schotterwegen weiter
auf schlechten schotterwegen
mit teils sogar felsigen abschnitten
und sie werden immer schlechter
   es beginnt auch wieder zu regnen
wir kommen nur äußerst langsam voran
aber nach unserem gestrigen abenteuer
kann uns in dieser beziehung
so gut wie nichts mehr erschüttern
   30 km vor dem ziel
kommen wir zu einer verzweigung
an der es laut karte egal ist
für welche seite wir uns entscheiden
wir wählen die rechte
   der weg bleibt gleich schlecht
es rumpelt zeitweise ganz arg
und obwohl es dadurch auch eher laut ist im auto
glaube ich ein geräusch wahrzunehmen

das ich bis jetzt noch nicht gehört habe
  ich versuche mich darauf zu konzentrieren
da kommt uns ein radfahrer entgegen
der etwas seltsam gestikuliert
  da ist das geräusch deutlicher zu vernehmen
hörst du das auch
fragt barbara
  halte da vorne links
sage ich ihr
  sie bleibt stehen
wir steigen aus
und was sehen wir
einen fast schon luftlosen rechten hinterreifen
  genau das haben wir jetzt gebraucht
zum glück hat der regen wieder nachgelassen
  ich nehme den wagenheber aus dem kofferraum
und will mich schon an die arbeit machen
da kommen ein mann und ein junge zu fuß vorbei
  darf ich helfen
fragt der mann
greift nach dem werkzeug
und macht sich an die arbeit
  wieder erleben wir ein beispiel dessen
was wir seit unserer ankunft in uganda
immer wieder bemerken
  die menschen in diesem land sind freundlich
hilfsbereit und friedfertig
  auch daniel zögert keinen augenblick
uns seine hilfe anzubieten

und es macht ihm auch überhaupt nichts aus
sich für uns schmutzig zu machen
obwohl weder seine schuhe
noch seine jacke oder hose
nach arbeitskleidung ausschauen
  es macht ihm einfach spaß zu helfen
und ich lasse ihn gewähren
zunächst einmal
denn seine geschicklichkeit erweist sich
als nicht ganz so beeindruckend
wie seine hilfsbereitschaft
aber das stört weder mich noch ihn selber
  als wir den wagenheber
in enger internationaler zusammenarbeit
endlich richtig positioniert haben
müssen wir leider feststellen
dass wir das fahrzeug damit nicht hoch genug
aufheben können
  im auto habe ich natürlich nichts passendes
um dieses problem zu lösen
also mache ich einen vorschlag
  wir könnten einen stein darunterlegen
ich habe den satz kaum zu ende gesprochen
da sind unsere beiden helfer
auch schon als suchtrupp unterwegs
und bringen innerhalb kürzester zeit
steine in jeder form und größe daher
  während ich damit beschäftigt bin
den mir noch am ehesten

als geeignet erscheinenden unförmigen brocken
in den vom regen aufgeweichten untergrund
zu drücken
um eine möglichst stabile auflagefläche zu schaffen
kommt ein mädchen mit zwei ziegen vorbei
und bleibt neugierig stehen
    die ziegen
scheint das alles nicht so sehr zu interessieren
also gehen die drei bald wieder weiter
    wir aber schaffen es nun
trotz einer nicht sehr vertrauenserweckenden
eher wackeligen hebevorrichtung
den reifen ohne weitere probleme zu wechseln
und das auto damit wieder fahrtüchtig zu machen
    ich bedanke mich bei daniel
drücke ihm etwas geld in die hand
worüber er sich sehr freut
obwohl er selber nie etwas verlangt hätte
und will mich schon verabschieden
als er uns fragt
wie weit wir denn heute noch zu fahren hätten
und wohin wir eigentlich wollten
    ihr solltet wieder umkehren
rät er uns
als er hört was wir vorhaben
denn auf diesem weg
kommt ihr nach einigen kilometern
zu einer beschädigten brücke
die ihr besser nicht befahren solltet

glück im unglück
denn wenn wir die reifenpanne nicht gehabt
und dadurch daniel nicht getroffen hätten
wäre auf der brücke
womöglich ein viel größeres unglück passiert
zumindest hätten wir viel mehr zeit versäumt
   wir bedanken uns also noch einmal
fahren das kurze stück zur abzweigung zurück
und schaffen die restliche strecke
trotz nun wieder ziemlich heftigen regens
ohne weitere zwischenfälle
   es ist 18 uhr 15 als wir unser quartier erreichen
aus prognostizierten fünf ist eine reine fahrtzeit
von fast acht stunden geworden

   die bwindi forest lodge in buhoma
ist eine wunderbare anlage
unweit der hauptstraße
   etwas erhöht gelegen
bietet sie von der terrasse aus selbst im regen
einen unvergleichlichen ausblick
auf die nebelverhangenen berge
die in der erwartung des bevorstehenden besuches
bei ihren bewohnern
den letzten dieser faszinierenden berggorillas
noch viel geheimnisvoller erscheinen
   vollkommen unverständlich
dass wir die einzigen gäste hier sind
   ich frage den hausherrn ob es möglich wäre

am nächsten tag
während wir bei den gorillas sein würden
einen mechaniker kommen zu lassen
der unseren schadhaften reifen repariert
   das wird sich bestimmt machen lassen
meint er zu unserer beruhigung
   während ich dann wieder einmal
an meinem bericht schreibe
erledigt barbara mit der chefin das finanzielle
   ich bin längst fertig mit meinen notizen
als sie endlich wiederkommt
und mir lachend erzählt
warum es so lange gedauert habe
   die wirtin habe nämlich zu ihrer frage
ob sie auch in dollar bezahlen könne
gemeint das sei grundsätzlich in ordnung
nur müsse sie damit schnell wechseln gehen
   dieses schnell aber habe sich
zu einer halben ewigkeit entwickelt
und die erklärung dafür
sei der grund für ihren lachanfall
denn die wirtin hatte
wie sich anschließend herausstellte
keine ahnung
wo sie die dollar
für das retourgeld wechseln solle
also suchte sie im ganzen ort herum
bis sie endlich jemand fand
der ihr aushelfen konnte

dabei hätte barbara ja auch uganda-shillings
als wechselgeld genommen
aber diese unkomplizierte möglichkeit
war der wirtin gar nicht in den sinn gekommen
    wir amüsieren uns noch köstlich darüber
da kommt die wirtin vorbei und fragt
wann wollt ihr zu abend essen
    barbara schlägt vor
sieben
    die wirtin versucht vorsichtig fragend
den zeitpunkt etwas nach hinten zu verlegen
acht
    neun - frage ich daraufhin
mit bewusst schelmischem blick
und barbara grinst im selben moment
    als die wirtin nun auch merkt
dass das von mir nicht ernst gemeint war
müssen wir alle drei lachen
    acht uhr passt
sage ich dann und bereue wenig später
dass ich nicht doch barbaras vorschlag
unterstützt habe
denn der menüvorschlag hört sich so gut an
dass ich es gar nicht mehr erwarten kann
    ich muss es aber
und sogar noch viel länger als geplant
weil die stromversorgung in unserem quartier
eine echte schwachstelle zu sein scheint
    immer wieder fällt das licht aus

und somit auch der betrieb in der küche
  es ist halb neun vorbei
als das essen
nachdem man das notstromaggregat
mit dem man sehr sparsam umzugehen scheint
doch eingeschaltet hat
endlich auf dem tisch steht
  abgesehen von diesen
im grunde unwichtigen dingen
zu denen auch die
trotz vorhandenem kühlschrank
immer ungenügend gekühlten getränke zählen
ist die bwindi forest lodge mit ihren wirtsleuten
eine wirklich reizende adresse
  nur eine sache stört mich wirklich sehr
obwohl nicht allzu viele touristen im ort sind
dröhnt bis spät in die nacht laute techno-musik
von einem lokal auf der hauptstraße zu uns herauf
und ich muss mich wieder einmal
obwohl ich selbst auch dazugehöre
darüber wundern und auch ärgern
was der tourismus alles anrichtet

5-12 - bei den berggorillas

  heute wird es ernst
endlich steht der punkt auf dem programm
der ursprünglich der eigentliche grund

für unsere reise nach uganda war
inzwischen haben wir aber schon so viel erlebt
so viele unglaubliche eindrücke gesammelt
dass mir die vorstellung
der heutige besuch bei den gorillas
könnte da noch mithalten
oder die bisherigen erlebnisse sogar überbieten
äußerst schwerfällt
wir frühstücken um halb sieben
denn um halb acht ist treffpunkt im head office
des bwindi impenetrable national parks
der sich uns mit den zahlreichen bewaffneten
und den sicherheitsvorkehrungen
inklusive reisepasskontrolle
fast wie ein eigener staat präsentiert
600 euro kosten die permits mittlerweile schon
in ruanda sogar 1500 pro person und tag
und der preis wird auch hier noch
deutlich ansteigen
denn
und das ist uns bewusst
diese hohen beiträge darf man nicht einfach nur
als bereicherung für den staat sehen
sondern vor allem als möglichkeit
den schutz der gorillas aufrechtzuerhalten
die ja schon einige male
knapp vor der ausrottung gestanden sind
und ohne diese gelder
vor allem der wilderei schutzlos ausgeliefert wären

aber auch die bevölkerung profitiert davon
in vielfältiger weise
zu beginn gibt es eine tanzvorführung
einer gruppe einheimischer frauen
die sich ride 4 a woman nennt
ziel dieser vereinigung ist es
den frauen zu mehr selbstständigkeit zu verhelfen
indem sie hier
im bwindi womans community center
nicht nur essen und etwas geld erhalten
6 - 10-tausend uganda shillings
sondern vor allem eine ausbildung
um später ein eigenes geschäft
einen eigenen betrieb eröffnen zu können
ermöglicht wird dies unter anderem auch
durch die eintrittsgelder in den nationalpark
nach der vorführung werden wir
in gruppen zu 6 - 7 personen eingeteilt
und mit den wichtigsten verhaltensregeln
während des besuchs bei den gorillas
vertraut gemacht
es werden uns auch träger angeboten
wir haben zwar nicht viel gepäck
nur einen leichten rucksack
und keinerlei befürchtungen
es alleine nicht zu schaffen
aber wir nehmen das angebot trotzdem an
weil die 15 dollar für uns nicht viel
für diese menschen hier aber

ein beträchtliches einkommen bedeuten
  meine trägerin heißt eve
sie lächelt amüsiert als ich ihr sage
sie müsse meinen rucksack nicht tragen
sie solle einfach auf mich aufpassen
  der auftrag ist nicht ernst gemeint
und sie weiß das auch
trotzdem bleibt sie immer in meiner nähe
meistens hinter mir
und wäre sofort zur stelle
wenn ich irgendwelche hilfe brauchen würde
  ich frage sie wie oft sie diese tour mache
und erfahre von ihr
dass sie nur etwa zweimal pro monat
an der reihe sei
weil es insgesamt über hundert träger gebe
die diese 15 dollar alle gut gebrauchen könnten
  als ich das höre bin ich richtig froh darüber
dass wir uns für träger entschieden haben
  wir haben unser erstes kennenlernen
kaum beendet
da gesellt sich sam - unser guide - zu eve
und redet auf sie ein
ich verstehe seine sprache nicht
merke aber dass er sie tadelt
weil sie meinen rucksack
noch nicht an sich genommen hat
  ich mache ihm klar
dass dies mein wunsch gewesen sei

gebe ihr das gepäcksstück wenig später
aber trotzdem
weil ich mich des eindrucks nicht erwehren kann
dass ihr die situation unangenehm ist
   es geht nun relativ steil
aber in eher gemütlichem tempo dahin
   unsere gruppe besteht aus
zwei südafrikanerinnen indischer herkunft
einer einheimischen namens francis
mit vollkommen ungeeignetem schuhwerk
zwei australischen brüdern
die als einzige keine träger engagiert haben
barbara und mir
fünf trägerinnen und träger
drei bewaffneten begleitern und dem guide
   es ist schön zu beobachten
wie sich die 16-köpfige truppe
auf dem engen steil ansteigenden weg
durch den ansonst unberührt wirkenden
urtümlichen dschungel
den berg hinaufschlängelt
   es hat in der nacht geregnet
es regnet überhaupt viel in letzter zeit
obwohl die regenzeit eigentlich längst vorbei ist
der weg ist dadurch sehr rutschig
und wir müssen auch öfter
durch knöcheltiefen schlamm
was an und für sich für uns kein problem ist
wohl aber für francis

die ständig ausrutscht
einmal sogar hinfällt
sich die gute laune aber
trotz schmutziger kleidung nicht verderben lässt
  buhoma liegt auf 1470 m
unser ziel auf etwa 1800
kein allzu großes vorhaben
aber angesichts der verhältnisse
für einige in der gruppe doch eine herausforderung
  eve - wie alle anderen träger
sowie auch sam und die drei securitys
in grünen gummistiefeln unterwegs
geht immer knapp hinter mir
und achtet aufmerksam auf jeden meiner schritte
  als sie mitbekommt
dass barbara meine tochter ist
erzählt sie mir
dass auch sie eine tochter hat
ich zeige ihr daraufhin ein foto meiner enkeln
  granddaughters - fragt sie ungläubig
und lächelt wieder als sie merkt
dass ich es als kompliment sehe
dass sie mich nicht für so alt gehalten hätte
  mit jedem satz
mit jeder noch so kleinen aktion
bestätigt auch sie mir den positiven eindruck
den ich von den menschen in diesem land
vom ersten tag an gewonnen habe
und ich genieße meinen aufenthalt hier immer mehr

da ich nun auch sehe
dass selbst die körperliche anstrengung
hier am berg
mir keine probleme mehr bereitet
weiß ich endgültig
dass meine entscheidung
die reise nicht abzusagen
die richtige war
und ich lasse noch einmal
meine damaligen optionen revue passieren
  ich hatte zwei möglichkeiten
entweder - so sagte ich mir damals
ich trete die reise an oder ich sage sie ab
  sage ich sie ab bleibt auch barbara zuhause
und wir sehen beide die gorillas nicht
  trete ich die reise aber an
und werde nach ein paar tagen so krank
dass wir abbrechen müssen
haben wir wenigstens diese paar tage gehabt
werde ich dagegen nicht krank
war meine entscheidung auf jeden fall richtig
  nun - da ich schon mit großer wahrscheinlichkeit
davon ausgehen kann
dass nach den vielen erlebnissen in den ersten tagen
auch dem besuch bei den gorillas
nichts mehr im wege steht
sehe ich meine überlegungen von damals bestätigt
und freue mich nicht nur für mich
sondern vor allem auch für barbara

über den bisherigen verlauf

als wir oben ankommen
treffen wir ignatio und brian - zwei trekker
sowie einen studenten
der als trekker eingeschult werden soll
die träger bleiben nun ebenso
wie zwei der bewaffneten begleiter zurück
während wir von ignatio
letzte anweisungen bekommen
und dann zu den gorillas geführt werden
die ganz in der nähe sein sollen
die trekker wissen das deswegen so genau
weil einige ihrer kollegen
oft sogar über nacht hierbleiben
um die gorillaherde zu beobachten
und gruppen wie die unsrige
jederzeit zu den tieren führen zu können
die spannung in der gruppe steigt
wir können es kaum noch erwarten
den ersten gorillas gegenüberzustehen
nach ein paar schritten stoppt brian wieder
und deutet nach vorne
äste bewegen sich und dann hört man
ein deutliches grunzen und schmatzen
brian biegt mit seinem buschmesser
die äste zur seite
und da sitzt er
blackback - ein prachtstück

blackback - also schwarzrücken
nennt man in anlehnung an den silberrücken
der eine gruppe als alleinherrscher anführt
ein ausgewachsenes gorillamännchen
das dem silberrücken gegenüber
noch keine führungsansprüche stellt
und daher in der gruppe geduldet wird
wir stehen keine drei meter von ihm entfernt
und können unser glück nicht fassen
so selbstverständlich wir
den anblick eines wildtieres
in einem zoo auch empfinden
hier in freier wildbahn ist das gefühl
solch ein tier
das uns ja noch dazu
verwandtschaftlich sehr nahe steht
in nächster nähe vor sich zu haben
einfach unglaublich
es ist ein überwältigender anblick
wie er friedlich dasitzt
sich ein blattbüschel nach dem anderen
abreißt und es genüsslich verzehrt
mit einem male
ich weiß nicht ob er sich irgendwie gestört fühlt
oder nur mit der restlichen gruppe kontakt sucht
brüllt er
uns vollsten respekt einflößend
urgewaltig laut auf und stürmt davon
brian hat solche szenen

wahrscheinlich schon hunderte male erlebt
  er nimmt das als ganz selbstverständlich hin
zeigt uns damit
dass auch wir keinen grund haben
beunruhigt zu sein
und deutet uns mitzukommen
  wir folgen ihm und damit auch blackback
und stoßen so auf einige weitere tiere
die alle mit ihrer mittagsmahlzeit beschäftigt sind
  in der hohen vegetation sind sie erst zu sehen
wenn man ihnen ganz nahe kommt
und selbst dann muss brian immer wieder
mit dem buschmesser die sicht freimachen
was für ihn eine ständige beschäftigung bedeutet
da die gorillas nie lange auf einem platz bleiben
sondern immer weiterwandern
  immer wieder zeigt uns ignatio
der andere trekker
der versucht möglichst alle tiere der gruppe
im auge zu behalten
wo wir wieder
eine gute beobachtungsmöglichkeit vorfinden
bis wir plötzlich merken
dass nun etwas besonderes passiert
der silberrücken taucht auf
  wenn es von unglaublich eine steigerung gibt
dann erleben wir sie in diesem moment
denn als ob silverback alleine
nicht schon sensation genug wäre

bringt er in seinem gefolge auch noch
ein weibchen mit einem baby mit
  es ist - wir wir von brian erfahren
derzeit leider das einzige baby in der herde
weil der silberrücken
als er vor kurzem erst
die führung in der gruppe übernahm
nicht berechnenderweise
sondern dem unbarmherzigen diktat
seiner instinkte folgend
alle von seinem vorgänger gezeugten babys tötete
  diese information trübt zwar kurz
meine begeisterung
kann aber
weil die akzeptanz
dieser von der natur vorgesehenen abläufe
über meiner sentimentalen empfindung steht
der faszination
die von diesen tieren
und der gesamten umgebung hier ausgeht
keinen abbruch tun
sodass ich mich wenige augenblicke später
gedanklich bereits wieder
in der evolution ganz weit zurückversetzt fühle
und mir vorstelle
wie auch unsere direkten vorfahren
einst so dagesessen sein müssen
und blätter und früchte verzehrend
den tag und vor allem die tatsache genossen haben

dass es noch keine wilderer gab
die ihre entwicklung zum modernen menschen
gefährden konnten
sodass wir uns jetzt
hunderttausende jahre später
jeden tag darüber freuen können
was daraus geworden ist
dass es uns überhaupt gibt
   doch wir sollten auch die verantwortung spüren
die uns aus diesem glücklichen schicksal
entstanden ist
denn wenn wir uns schon
als krone der schöpfung bezeichnen
dann sollten wir auch bedenken
dass eine krone ohne den der sie trägt sinnlos ist
erst der träger macht eine krone zu dem was sie ist
und der träger der krone mensch
ist nun einmal die gesamte übrige schöpfung
die es nicht zuletzt
auch aus diesem grunde zu respektieren
mit allen zur verfügung stehenden mitteln
zu pflegen
und um jeden preis zu erhalten gilt
   den meisten menschen ist ja gar nicht bewusst
was sie mit ihrem egoismus und in ihrer gier
alles zerstören
und wer weiß wohin sich diese geschöpfe
die wir hier gerade so bewundern
noch entwickeln

wenn sie vielleicht doch das glück haben sollten
die herrschaft der menschen auf diesem planeten
zu überleben
    ich wünsche es ihnen von herzen
denn ich kann mich gar nicht sattsehen
an diesen friedlichen sanftmütigen riesen
in dieser wilden umgebung
die uns menschen nach allem
was man ihnen schon angetan hat
immer noch vollkommen aggressionsfrei
neben sich
in ihrem angestammten lebensraum dulden
    aber geben wir ihnen diese chance überhaupt

    im bwindi impenetrable national park
gibt es noch ungefähr 400 berggorillas
in den virungabergen etwa 600
die zahl der grauergorillas
benannt nach dem forscher rudolf grauer
ist seit dem jahr 1995 von 17000
auf aktuell zirka 3800 zurückgegangen
womit diese art
momentan als die am stärksten bedrohte gilt
    ebenfalls sehr stark vom aussterben bedroht
ist der cross river gorilla von dem es nur noch
weniger als 300 exemplare gibt
    bleibt noch der westliche flachlandgorilla
dessen bestand zwar noch
auf knappe 100000 stück geschätzt wird

der aber aufgrund der immer stärker werdenden
einengung seines lebensraumes
und der intensiven bejagung wegen seines fleisches
ebenfalls nur geringe überlebenschancen hat
  eine traurige bilanz
unglaublich und aus menschlicher sicht
vollkommen unverständlich
aber was bedeutet dieses wort *menschlich* schon
  noch nie ist es
wie auch das dazugehörige nomen
so gedankenlos
so leichtfertig
und so inflationär verwendet worden
wie in diesen tagen
  alle müsste man
wenn es nicht eine reine zumutung
für die gorillas wäre
dazu verpflichten
zumindest einmal im leben hierher zu kommen
um auch diese erfahrung zu machen
die uns hier vergönnt ist
um auch einmal diesen respekt vor der schöpfung
und diese demut zu spüren
ohne die wir die bezeichnung mensch
gar nicht verdienen
denn vielleicht würden wir dann nicht mehr
so gedanken- und rücksichtslos
anderen arten gegenüber agieren
ihnen einfach das recht auf existenz absprechen

ihren lebensraum zerstören
ihnen die luft zum atmen nehmen
und sie ausrotten
nur weil sie unseren wirtschaftlichen
oder in manchen fällen auch bloß jagdlichen
auf jeden fall aber egoistischen interessen
im wege stehen
      wann werden wir
dieses falsche verständnis von menschlichkeit
durch das wir unsere art
so weit über alle anderen stellen
durch das wir uns berechtigt
ja sogar verpflichtet fühlen
unserem unersättlichen verlangen
nach luxus und macht
alles unterzuordnen und zu opfern
endlich ablegen
      wann werden wir endlich verstehen
dass eine intakte natur
mit all ihren
oft auch als störend empfundenen abläufen
und mit all ihrer nicht infrage zu stellenden vielfalt
wichtiger ist als unsere dekadenten ansprüche
      wann werden wir endlich akzeptieren
dass umweltbewusstsein keine frage
der parteizugehörigkeit ist
sondern eine menschliche selbstverständlichkeit
denn echtes umweltbewusstsein
also umweltbewusstsein aus überzeugung

kann man nicht verordnen
  selbst wenn alle menschen
die parolen für den umweltschutz nachplappern
und in vorauseilendem gehorsam so tun
als wäre das ihre überzeugung
ist damit für die erde noch nichts getan
wenn die ehrfurcht vor der schöpfung
nicht vorhanden ist
  den planeten als ein zuhause einrichten zu wollen
das ohne rücksicht auf natürliche abläufe
und bedürfnisse anderer arten
dem menschen alle annehmlichkeiten bieten soll
und sich trotzdem als menschlich zu bezeichnen
ist verlogen
  menschlichkeit verpflichtet zu umweltschutz
und umweltschutz inkludiert selbstverständlich
den schutz aller arten
  jede andere sichtweise
kommt einem betrug an der menschlichkeit gleich
und es nützt überhaupt nichts
wenn dieser betrug seitens der politik
durch immer unverschämtere verlogenheit
zu vertuschen versucht wird
indem man selber an umstrittenen technologien
und versorgungseinrichtungen festhält
sie sogar fördert
und auch als entwicklungshilfe exportiert
europäische denkweise inklusive
gleichzeitig aber sehr geschickt

den konsumenten bei deren nutzung
umweltschädigendes verhalten vorwirft
und aus diesem verhalten
unter dem vorwand des umweltschutzes
steuern lukriert
ohne damit schädigende auswirkungen verhindern
oder auch nur korrigieren zu können
  ein paradebeispiel dafür
ist der umgang mit fossilen energieträgern
wie erdöl und erdgas
die schon seit jahren stein des anstoßes sind
die von immer weiteren politischen kreisen
verdammt
für alles übel verantwortlich gemacht
und immer höher besteuert werden
um dadurch
wie man dem konsumenten erklärt
den verbrauch einzubremsen
und vielleicht
sogar zum völligen verzicht anzuregen
  gleichzeitig aber sucht
und erschließt man immer neue lagerstätten
schreckt dabei auch
vor sensibelsten ökosystemen nicht zurück
forscht unter höchstem finanziellen einsatz
nach immer effekiveren fördermethoden
und denkt gar nicht daran
aus diesem milliardengeschäft
das für zahlreiche staaten

die einzige garantie für reichtum und luxus ist
tatsächlich auszusteigen
    mit an sicherheit grenzender wahrscheinlichkeit
man kann davon ausgehen
dass sich daran nichts ändern wird
solange noch irgendwo vorräte vermutet werden
und der letzte tropfen nicht verbrannt ist
    hier verkommt umweltschutz
zu schamloser geschäftemacherei
und gerade verlogenheit hat in einer gesellschaft
die sich menschlicher hochentwicklung rühmt
nichts verloren
denn das vertuschen
macht den betrug nur noch schlimmer

    all dieser aufwühlenden gedanken zum trotz
kehren wir glücklich und tief zufrieden
in unser quartier zurück
wo eine sehr gute nachricht auf uns wartet
    der reifen ist repariert
und unser auto wieder voll einsatzfähig
    spät am abend erreicht mich
eine wortkarge aber nette whatsapp-nachricht
hello mr martin
    es ist unser sympathischer führer aus masaka
der damit zeigen will
dass wir unsere telefonnummern
nicht nur höflichkeitshalber ausgetauscht haben
das freut mich

hi nikolas - schau was wir heute gesehen haben
schreibe ich ihm zurück
und füge ein foto eines gorillas bei
   am geoffrey
thats amazing
kommt ein paar sekunden später zurück
und dann noch eine ergänzung
nikolas is the chef
   ich bin perplex
hast du mitbekommen
dass er geoffrey heißt
frage ich barbara
   wer - fragt sie
nikolas - sage ich - ich meine der
der uns zu dem rindentuchbauern geführt hat
   er behauptet
dass nikolas der koch sei
und er geoffrey heiße
wie erklärst du dir das
   war das nicht derselbe
fragt sie
   das habe ich auch geglaubt
pflichte ich ihr bei und überlege
wie ich die konversation mit ihm weiterführen soll
   ich versuche es mit
du verwirrst mich
waren wir nicht mit dir bei tom
   yes please
kommt es knapp aber eindeutig zurück

aber habe ich dich nicht mit nikolas angesprochen
nein - du hast mich nie beim namen genannt
um die blamage
nicht noch größer werden zu lassen
suche ich nun ein foto von nikolas
und vergleiche es mit einigen
die ich im laufe des tages
von geoffrey gemacht habe
und tatsächlich
er ist ein anderer
die ähnlichkeit ist zwar frappant
aber bei näherer betrachtung
ist deutlich zu erkennen
was uns während des ganzen tages damals
nicht aufgefallen ist
gut - versuche ich mich wenigstens vor barbara
zu rechtfertigen
nikolas haben wir ja eigentlich nur zweimal
und beide male nur kurz gesehen
schon - meint sie
aber das hätte uns trotzdem nicht passieren dürfen
natürlich nicht - gebe ich ihr recht
schreibe eine entschuldigung an geoffrey
und wünsche ihm noch einmal
alles gute für die bevorstehende hochzeit
thank you and say hello to barbara
danke - barbara lässt dich auch schön grüßen
es war trotzdem ein schöner tag
den wir da gemeinsam verbracht haben

mit einem thanks von geoffrey endet dieser
unser erster chat schließlich
und damit auch ein ganz besonderer tag
für uns beide

6-12 - begegnungen

wir haben in diesen paar tagen
schon so viel erlebt und gesehen
dass wir den rest
und das ist immerhin noch mehr als eine woche
getrost schon als zugabe sehen können
natürlich bin ich auch heute neugierig
was der tag bringen wird
aber es hat sich in meiner erwartungshaltung
doch etwas grundlegendes geändert
ich habe nun keinerlei druck mehr
etwas bestimmtes sehen oder erleben zu müssen
sondern ich lasse alles was noch passieren wird
einfach auf mich zukommen
es geht heute
richtung queen elizabeth national park
der unter anderem für seine baumlöwen bekannt ist
es hat wieder fast die ganze nacht geregnet
und die straßen
die ohnehin schon in einem argen zustand waren
sind dadurch nicht besser geworden
aber autofahren ist in uganda

unabhängig vom zustand der straßen
immer ein abenteuer
denn in der stadt
wo die straßen zwar etwas besser sind
ist es dieses unglaubliche durcheinander
dieses dichte gedränge
dieses gewühl von autos
mopeds und menschenmassen
das eine ständige herausforderung darstellt
und einem immer
höchste konzentration abverlangt
während es am land
und speziell in den logischerweise
doch sehr entlegenen nationalparks
im westen des landes
diese unglaubliche dichte
an den so gut wie immer
mit wasser und schlamm gefüllten schlaglöchern
in allen formen und größen ist
   aber das sind eben ugandas straßen
und man könnte es auch als vorteil sehen
dass sie gar nicht mehr schlechter werden können
   entweder man verflucht sie
wenn man zu jenen autofahrern gehört
die auf jede unvorhergesehene kleinigkeit
mit ärger reagieren
die mit ihrem auto mehr mitzufühlen scheinen
als mit dem malträtierten boden
unter ihren reifen

oder den tieren
die sie dabei überfahren
oder man nimmt sie wie sie sind
stellt sich darauf ein
und genießt sie schließlich sogar
weil sie eine gewisse art von abenteurertum
in uns zu wecken imstande sind
   ich ertappe mich immer öfter dabei
dass ich beinahe enttäuscht bin
wenn einmal längere zeit kein schlammloch
vor mir auftaucht
wobei mit längere zeit eher angaben in sekunden
denn in minuten gemeint sind
   ich war ja schon immer
ein leidenschaftlicher lenker
aller möglichen fahrzeuge
und habe schon als kind
im elterlichen landwirtschaftlichen betrieb
nichts schöner
spannender
aufregender gefunden
als mit dem traktor an schwierigen passagen
mein fahrkönnen unter beweis zu stellen
oder zumindest
genauso freudig gespannt zuzusehen
wie mein vater die situation meisterte
wenn er es mir ab und zu
dann doch nicht zugetraut hat
   hier in uganda genieße ich das fahren nicht nur

ich könnte beinahe süchtig werden
  leider ist man aber auch hier dabei
neue breitere komfortablere straßen
als tiefe wunden in die landschaft zu schneiden
die man dann unverständlicherweise doch wieder
in regelmäßigen abständen
mit extrem hohen künstlichen schwellen versieht
um die geschwindigkeit zu drosseln
da sind mir die schlaglöcher lieber
  wider erwarten kommen wir doch
relativ zügig voran und erreichen bald
kihiihi - eine kleinstadt am rande des nationalparks
wo wir
obwohl es noch nicht notwendig ist
einen tankstopp machen
man weiß ja nie was passiert
  barbara geht während ich das tanken erledige
schnell - wie sie meint
in den laden gegenüber
um eine sim-karte
für das ugandische netz zu besorgen
damit wir das billigere regionale netz
nützen können
was im falle eines ähnlichen abenteuers
wie im lake mburo national park
von vorteil sein könnte
  ich parke mich nach dem tanken ein
und warte auf barbara
ich warte fünf minuten

ich warte zehn minuten
nach einer viertelstunde folge ich ihr
in den kleinen laden vis-a-vis und frage sie
was sie denn alles zu kaufen beabsichtige
    frage sie doch selber
warum das so lange dauert
antwortet sie und teilt mir damit
zwischen den zeilen gleichzeitig mit
dass ihre laune durch die unerklärliche warterei
schon ein wenig unter den durchschnittswert
abgesackt ist
    hello - grüßt mich die ladenbesitzerin
umso freundlicher und fügt
weil sie natürlich sofort sieht
dass wir zusammengehören
ein routinemäßiges
es dauert nicht mehr lange
dazu
    ich verkneife es mir ihr zu sagen
dass mir das egal sei
stelle mich vor die tür
und beobachte die menschen die vorbeikommen
    eigentlich bin ich sogar froh
dass ich diese zeit bekomme
denn es ist immer interessant
menschliches treiben zu beobachten
und hier ist es ganz besonders interessant
    während ich auf diese art beschäftigt bin
taucht der chef im laden auf

und bietet barbara eine geführte tour
durch den nationalpark an
   ich beobachte die szene von draußen
weil ich neugierig bin wie hartnäckig er es versucht
aber er ist überhaupt nicht aufdringlich
und akzeptiert sofort
dass wir das auf eigene faust machen wollen
   inzwischen ist fast eine stunde vergangen
seit ich an die tankstelle gefahren bin
und endlich zeichnet sich auch hier
ein ende dieses komplizierten deals ab
   danke für ihre geduld
sagt die chefin zu mir als wir uns verabschieden

   am south gate bezahlen wir den eintritt
in den nationalpark gleich für zwei tage
und danach machen wir uns sofort auf die suche
nach den berühmten baumlöwen
   wir haben mit unseren sichtungen bisher
schon so unglaublich viel glück gehabt
sogar den scheuen leoparden haben wir gesehen
dass ich nie damit gerechnet hätte
auch diesmal so schnell wieder erfolgreich zu sein
doch es klappt
   wir sind noch keine halbe stunde unterwegs
als mein blick unwillkürlich
und für mich selbst überraschend
an einem dieser typischen bäume hängenbleibt
   stopp - sage ich zu barbara - da sind sie

sie bringt den wagen sofort zum stehen
kann aber nichts entdecken
    scherz - meint sie - oder
kein scherz - sage ich und zeige auf den baum
es sind zwei
fahr ein stück zurück dann sehen wir sie besser
    tatsächlich - flüstert sie
als wir den optimalen blickwinkel gefunden haben
zwei männchen
sofort zückt sie ihre kamera mit dem 30-fach-zoom
und hält diese sensationelle begegnung
mit dem könig der tiere fest
    ein toller anblick
den uns diese gefährlichen raubtiere hier bieten
und wir haben zeit
sie lassen uns zeit
wir können sie in aller ruhe betrachten
denn sie machen keine anstalten
ihren anscheinend sehr bequemen rastplatz
in absehbarer zeit zu verlassen
und mir ergeht es wieder so
wie es mir auch schon bei den begegnungen
mit den anderen wildtieren ergangen ist
denn obwohl ich in zoos und zirkussen
all diese tiere
also auch löwen
schon x-mal gesehen habe
ist es hier in freier wildbahn
trotzdem ein total unbeschreibliches gefühl

ihnen gegenüberzustehen
und ich muss mich wieder einmal
sehr darüber wundern - nein
eigentlich finde ich es komplett unverständlich
empörend
abstoßend
menschenunwürdig dass es jemanden gibt
und es gibt sogar viele - sehr viele
die in so einer situation das verlangen verspüren
zu töten
und zwar nicht weil es die not erfordern würde
sondern nur um des tötens willen
die extra deswegen diese weite reise unternehmen
um ein bestimmtes tier abzuschießen
die bereit sind viel geld dafür zu bezahlen
um einem unschuldigen geschöpf
das leben zu nehmen
um dann stolz die trophäe präsentieren zu können
die im grunde nichts wert ist
weil ihr das wichtigste fehlt - das leben
  mag sein
dass ich anders denke als die meisten
kann sein
dass ich diesen gedanken auch zu radikal vertrete
aber ich kann diese rohheit einfach nicht verstehen

  der queen elizabeth national park
ist im vergleich zu unserem ersten
dem lake mburo national park

mit 1978 quadratkilometern deutlich größer
und wird durch den kazinga channel
einer natürlichen verbindung
des edward sees mit dem george see
in zwei bereiche geteilt
  wir befinden uns momentan im südlichen
dessen hauptattraktion eben die baumlöwen sind
  aufgrund der weitläufigkeit dieses parks
passiert es auch hier eher selten
dass man auf andere besucher trifft
und wenn
dann handelt es sich zu 90 % um eine geführte tour
wie sie uns einige stunden zuvor
in dem laden in kihiihi angeboten worden ist
  solch ein guided-tour-wagen ist es auch
der uns etwas später
auf einem dieser schmalen wege entgegenkommt
  seltsamerweise fährt er als er uns bemerkt
ganz gegen die gewohnheit der lokalen guides
bereitwillig zur seite
bleibt sogar stehen
kurbelt das seitenfenster herunter
winkt heraus und grinst über das ganze gesicht
es ist der ladenbesitzer aus kihiihi
der also doch noch zu seiner tour gekommen ist
  aber nicht er allein
macht diese begegnung zu einer bemerkenswerten
wie wir im nächsten augenblick feststellen
sondern vor allem die tatsache

dass wir auch seine beiden fahrgäste kennen
die ganz begeistert aus der hinteren reihe
zu uns herüberwinken
  es sind die beiden düsseldorfer
patrick und yasmina
die wir im eagles nest kennengelernt haben
  nun stelle man sich diesen zufall vor
man trifft in den schier unendlichen weiten
dieses einsamen nationalparks
einen guide
den man stunden davor
in seinem eigenen laden angetroffen hat
obwohl er normalerweise immer unterwegs ist
und noch dazu hat er genau die beiden
als fahrgäste an bord
die man vier tage davor
in einem ganz anderen winkel ugandas
kennengelernt hat
wie klein die welt doch ist
  aber warum seid ihr eigentlich
nicht mit eurem eigenen auto unterwegs
fragen wir sie
und ihre antwort zeigt uns
dass nicht nur wir mit diesem abenteuerpotenzial
das uganda zu bieten hat
näher in berührung gekommen sind
  ja - das steht schon wieder in der werkstatt
erzählt patrick
wieder das radlager

diesmal aber auf der anderen seite
  das nenne ich pech - sage ich
aber auch wir haben inzwischen einiges erlebt
  unglaubliche dinge
ergänzt barbara und gibt einen schnellen überblick
über die letzten tage
bevor sich unsere wege wieder trennen
  diese begegnung sollte aber nicht
das letzte erwähnenswerte an diesem tag bleiben
denn nach einem ausgiebigen fotoshooting
mit zwei elefanten
sehen wir uns plötzlich
einem riesigen schlammloch gegenüber
das wir aber unbedingt passieren wollen
weil wir dahinter jene stelle vermuten
die uns der ranger am south gate
für den fall dass wir baumlöwen sehen wollen
nachdrücklich empfohlen hat
  nun haben wir zwar schon löwen gesehen
und das schlammloch ist ein weiteres
sehr gewichtiges argument es dabei zu belassen
doch unsere abenteuerlust ist ungebrochen
  um das risiko doch etwas zu minimieren
übernehme ich
nicht gegen barbaras willen
sondern auf ihren ausdrücklichen wunsch
das steuer und halte ausschau
nach der erfolgversprechendsten variante
für die passage

nach eingehender prüfung
finde ich auf der linken seite eine möglichkeit
die mir wenigstens für eine spur
einen sicheren halt zu garantieren scheint
und fahre los
   ist es die extraportion konzentration
aufgrund des respekts vor diesem hindernis
oder habe ich die schwierigkeit sogar überschätzt
ich weiß es nicht
jedenfalls schaffen wir die durchquerung locker
enttäuschend locker fast
   egal - wir sind durch
und stehen keine hundert meter weiter
tatsächlich vor unserem nächsten löwenbaum
   ein riesiger geländewagen mit einer
wie es scheint
europäischen touristengruppe
natürlich mit local guide
und bewaffnet mit teleobjektiven
so groß wie kanonenrohre
steht auch schon da
und auf dem baum halten fünf löwen siesta
die auf die fotografische extrembelästigung
mit ähnlicher gleichgültigkeit reagieren
wie besagte touristengruppe auf uns
   und dann sehen wir auch den grund
für diesen löwischen phlegmatismus
   es ist ein halsband
eines der tiere trägt tatsächlich ein halsband

und das ist der grund
warum die tiere die anwesenheit der menschen
schon als so selbstverständlich empfinden
aber außer uns scheint das niemand zu stören
    welch ein frevel
denke ich mir
und zwar ein frevel in zweifacher hinsicht
    erstens
dass man ein wildtier zwingt
mit so einem störenden ding um den hals
herumzulaufen
bzw -zuliegen
und zweitens
weil es doch am eigentlichen sinn einer fotosafari
total vorbeigeht
wenn das spannendste daran wegfällt
nämlich das hoffen auf eine zufällige begegnung
auf das aufspüren der tiere
ohne irgendwelche technische hilfsmittel
    so einen sender finde ich in jeder hinsicht unfair
aber zumindest weiß ich jetzt
warum uns der ranger diese stelle so konkret
auf der karte zeigen konnte
und warum auch die guides ihren fahrgästen
die beobachtung von löwen garantieren können
sie müssen bei der einfahrt in den nationalpark
einfach nur bei einem ranger nachfragen
und der kann ihnen genau sagen
wo sich der löwe gerade aufhält

auf so eine safari kann ich verzichten
da kann ich gleich in den zoo gehen
etwas enttäuscht
nicht von den löwen
sondern von diesem unseligen halsband
aber gerade deshalb mit umso größerer freude
über unsere eigenen bisherigen entdeckungen
kehren wir dieser unwürdigen szene den rücken
und fahren den gleichen weg
den wir gekommen sind
wieder zurück
das schlammloch kann uns ja jetzt
nicht mehr beeindrucken
denke ich mir
und versuche wieder die gleiche linie zu finden
wie bei der ersten durchquerung
und es gelingt auch erwartungsgemäß
bis zur mitte
dann spüre ich plötzlich
wie mir die hinterachse wegzurutschen beginnt
ich versuche dagegenzulenken
kann nicht recht glauben
dass es wirklich brenzlig wird
merke aber
dass ich nur mehr unkontrolliert dahinrumple
weil ich im schlammigen wasser
die unebenheiten unter mir nicht erkennen kann
denke mir
egal

hauptsache es geht vorwärts
schöpfe wieder hoffnung
bin schon fast draußen
da plumpst der wagen mit der vorderachse
so tief hinein
dass wir im selben moment festsitzen
  so ein schhhhhhhhhhlammloch
will es mir schon fast
in einer unbedachten variante entfahren
doch ich kann es gerade noch
in ein druckreifes synonym abändern
  gut dass nicht ich gefahren bin
sagt barbara trocken
während ich einige erfolglose versuche unternehme
den wagen in irgendeine richtung zu bewegen
  du hättest es nur besser machen können
muss ich ihr gestehen
kann sie davon aber nicht überzeugen
  nein - das glaube ich nicht
meint sie unbeirrt
ich wäre genauso steckengeblieben
  und was genau wäre dann schlimmer
setze ich das ziemlich sinnlose gespräch
weil wir ja im moment nichts anderes tun können
noch ein stück fort
  die situation wäre die gleiche
aber für mich wäre sie trotzdem schlimmer
erläutert mir meine tochter die relativitätstheorie
sozusagen aus dem stand

aus dem stillstand
    na gut
aber was machen wir jetzt
frage ich sie
meinst du dass es ratsam ist hier auszusteigen
    hast du angst
dass deine schuhe schmutzig werden
fragt sie süffisant
    das nicht
aber dort drüben auf dem baum sitzen fünf löwen
und ich denke
es werden noch einige mehr
in der gegend umherspazieren
gebe ich zu bedenken
die würden wahrscheinlich nur darauf warten
endlich einmal auch versuchen zu können
wie ein burgenländer schmeckt
    vielleicht ist dieses andere auto noch da
überlegt barbara laut
    also ich gehe da sicher nicht hinüber
versuche ich
einem vorstellbaren unqualifizierten vorschlag
gleich einmal möglichst wirkungsvoll vorzubeugen
    aber ich könnte
beginne ich
wenn ich mich in die offene tür stelle
setze ich fort
und öffne diese vorsichtig
während ich in alle richtungen ausschau halte

sie vielleicht sehen
bringe ich meinen satz
spannungsmäßig der situation angepasst
zu ende
    tatsächlich - sie sind noch da
das könnte unsere rettung sein
    die müssten mich doch hören können
mutmaße ich
und drücke einmal
zweimal
ein drittes mal
und mit jedem mal etwas länger auf die hupe -
nichts
keine reaktion
    das ist doch nicht möglich
denke ich mir und versuche es in der folge
mit pfeifen
winken und schreien gleichzeitig
die beiden letzteren zumindest
dazwischen wieder mit hupen
ohne erfolg
wollen die uns etwa gar nicht hören
    ich gebe aber trotzdem nicht auf
und weil ich dabei auch immer wieder
rundum nach löwen ausschau halte
entgeht es mir zum glück nicht
dass sich auf dem weg
der in einer entfernung von etwa 30 bis 40 metern
an uns vorbeiführt

ein motorradfahrer nähert
  wieder winke ich wie ein verrückter
und diesmal habe ich erfolg
er biegt in unseren weg ein als er mich sieht
stellt das motorrad ab und geht auf uns zu
  wenn der da so sorglos herumgeht
kann ich auch aussteigen
spreche ich mir selbst mut zu
und gehe ihm entgegen
  er spricht kein englisch
versteht aber anscheinend
als ich vom south gate spreche
worum es geht
wählt auf seinem handy eine nummer
und gibt mir das telefon
  ich gebe es an barbara weiter
die inzwischen auch ausgestiegen ist
und besser englisch spricht als ich
  was heißt besser
sie ist fertig ausgebildete konferenzdolmetscherin
für englisch und spanisch
und hat in kürzester zeit
auch dieses gespräch erfolgreich abgeschlossen
  isaak
einer der beiden diensthabenden am gate
wird sich darum kümmern
teilt sie mir mit und gibt das telefon zurück
  der motorradfahrer fährt weiter
und das warten geht wieder los für uns

endlich wieder ein motorengeräusch
ich halte ausschau
der geländewagen beim löwenbaum
setzt sich in bewegung
in welche richtung fährt er
fragt barbara
leider in die falsche
sage ich ihr enttäuscht
das pfeifen und hupen habe ich längst aufgegeben
nein warte - jetzt dreht er um - er kommt
bei den löwen bleibt er wieder stehen
hat er etwa nur die seite gewechselt
nach einigen minuten fährt er wieder los
um nach einem kurzen stück wieder zu stoppen
der motor aber läuft weiter
ein anderes motorengeräusch gesellt sich dazu
es ist unser motorradfahrer von vorhin
mit einem begleiter auf dem soziussitz
der beifahrer scheint isaak zu sein
denn er hat ein gewehr über der schulter hängen
und eine haue in der hand
wir begrüßen die beiden mit großer erleichterung
und beginnen die situation zu besprechen
da nähert sich auch der geländewagen
er fährt natürlich respektlos quer durch die botanik
aufgrund seiner größe kann er sich das leisten
und schlammlöcher
sind für ihn so und so kein thema
der fahrer steigt aus und kommt zu uns herüber

ich frage ihn besser nicht
warum er auf meine hilferufe nicht reagiert habe
sondern stattdessen lieber nach einem abschleppseil
    leider habe er auch keines dabei
meint er
aber er wisse für solche fälle eine lösung
ich bräuchte nur
einen der beiden hinteren sicherheitsgurte
herauszuschneiden
dann würde er uns gerne helfen
    dieser vorschlag löst nicht gerade
überschäumende freude in mir aus
aber mangels adäquater alternativen
willige ich schließlich ein
denn - so sage ich mir
wenn ich seine hilfe nicht in anspruch nehme
und wir das auto mit der haue nicht freibekommen
kann es sein
dass gar kein anderes auto mehr vorbeikommt
    ich mache mich also
mit gemischten gefühlen daran
den gurt aus michaels auto herauszuschneiden
und als ich fertig bin
sehe ich den geländewagen gerade noch
hinter den büschen verschwinden
    warum fährt der jetzt weg
frage ich verärgert
und will schon den sprichwörtlichen stab
über ihn brechen

da erfahre ich von barbara
dass er nur dem drängen seiner gruppe
nachgeben musste
sie noch schnell für ein paar fotos
in die nähe eines weißkopfadlers zu bringen
den sie zuvor auf einem baum entdeckt hatten
sie hätten schließlich für die tour bezahlt
und wollten sich diese chance nicht entgehen lassen
  wir könnten ja warten
der adler aber würde davon eher nichts halten
  ich kann nicht fassen was ich da höre
aber nun ist mir auch klar
warum er vorhin auf mein hupen nicht reagiert hat
nicht reagieren durfte
  wie auch immer
ich will auch nicht länger warten
also beginnen wir
die vorderräder unseres autos freizuschaufeln
  isaak bindet inzwischen den sicherheitsgurt
am abschlepphaken fest
prüft die länge des gurts
findet sie anscheinend nicht ausreichend
und macht daraufhin etwas wirklich unglaubliches
  er löst den trageriemen von seinem gewehr
von einer dienstwaffe - wohlgemerkt
und will damit den gurt verlängern
für mich ein zeichen von hilfsbereitschaft
das kaum noch zu überbieten ist
  bevor er das aber tatsächlich macht

versuche ich
da die vorderräder nun einigermaßen frei sind
ob ich es vielleicht schon aus eigener kraft schaffe
   und tatsächlich
nach mehrmaligem schwungvollen
vor und zurück
finden die reifen endlich den nötigen halt
und das auto steht wieder auf festem boden
   freude auf allen seiten
gemeinsames foto
mehrmaliges dankeschön
mit selbstverständlich dazugehörendem trinkgeld
händeschütteln zum abschied
usw
folgen
und als der geländewagen
endlich wieder daherkommt ist alles erledigt
   der sicherheitsgurt ist geopfert
benötigt haben wir ihn nicht
   aber das erschüttert mich nicht
besser so als umgekehrt
und auch ich
hätte niemals meinen platz
gegen einen in diesem anderen auto getauscht
   was mich dagegen wirklich erschüttert -
diesen leuten in ihrer uneinnehmbaren
rollenden festung
in der sie nur über ihre hochleistungskameras
mit der außenwelt in kontakt sind

war ein weiteres
neben ihren
wahrscheinlich schon tausenden fotos
wichtiger als unsere rettung
   diese begegnung
auf die ich gerne verzichtet hätte
zeigt mir aber eines ganz deutlich
   je größer die distanz zu einer notlage
desto weniger wird sie als solche erkannt

   die bush lodge mitten in der wildnis
direkt am kazingakanal
ist eine wirklich einzigartige anlage
die ihrem namen alle ehre macht
und das abendessen hier im freien
begleitet von ansprechender nilpferdmusik
und hautnah geführtem fledermaustanz
ist der würdige abschluss
eines weiteren ereignisreichen tages

7-12 - im queen elizabeth national park

   die tierlaute aus dem busch wecken mich früh
es ist ein wunderschöner morgen
ich nütze den gemütlichen platz vor unserem zelt
und genieße hier
die ersten strahlen der morgensonne
   es ist einfach traumhaft

die natur so erleben zu dürfen
   die nacht ist ohne zwischenfälle verlaufen
obwohl es keine seltenheit ist
dass elefanten
büffel oder auch die unberechenbaren nilpferde
die anlage besuchen
   aus diesem grund sind wir auch
eindringlich darauf hingewiesen worden
uns auf dem gelände
zwischen 19 uhr 30 und sechs uhr in der früh
nur in begleitung des personals zu bewegen
   es ist natürlich ein eigenartiges gefühl
unter diesen voraussetzungen
in einem zelt zu nächtigen
aber ich habe trotzdem sehr gut geschlafen
   wir werden uns heute
in den nördlichen bereich des parks begeben
erstmalig also den kazingakanal überqueren
   auf dem weg dorthin
laufen einige kinder auf unser auto zu
begrüßen uns herzlich
und haben große freude an den fotos
die wir von ihnen machen
   ein verhalten
wie ich es zuhause das letzte mal
zumindest ansatzweise
in meiner eigenen kindheit erlebt habe
als wir uns selber den wenigen fremden
die in unser dorf kamen

begeistert für fotos zur verfügung gestellt haben
um danach die bilder betrachten zu können
    eine natürlichkeit
die die uns allen angeborene
unbekümmerte reale neugierde widerspiegelt
in unseren breiten aber
nur mehr bei jenen wenigen zu beobachten ist
die sich noch nicht hoffnungslos
in der virtuellen welt verirrt haben
    eine offenheit
die in der westlichen welt zwischen irrlichtern
wie lückenlosem daten-
ebensolchem rechtsschutz
und ähnlichen misstrauensbildenden
weltverbesserungsvorstellungen
längst verlorengegangen ist
und mit ihr auch ein stück menschlichkeit
    leider oder glücklicherweise
je nachdem wie man es sieht oder sehen möchte
ist nicht länger zeit darüber nachzudenken
denn als wir auf die hauptstraße kommen
wo das auto endlich einmal
etwas ruhiger dahinrollen könnte
dringt ein geräusch zu uns durch
das wir beide sofort eindeutig
der vorderachse zuordnen können
    ist jetzt unser radlager an der reihe
fragt barbara die wieder am steuer sitzt
    das können wir leicht überprüfen

sage ich ihr und fordere sie
zu ein paar leichten richtungsänderungen auf
was bei dem bescheidenen verkehrsaufkommen
kein problem ist
   da sich am geräusch nichts ändert
versuchen wir es
mit einigen abrupten bremsmanövern
die tatsächlich erfolgreich sind
wenn auch nur kurzzeitig
was mich aber trotzdem stark vermuten lässt
dass es sich um etwas harmloses handelt
   und so ist es auch
als ich aussteige und die sache näher betrachte
sehe ich das andenken
das wir seit unserem gestrigen abenteuer
noch mit uns herumführen
   mit einem schraubenzieher kann ich die steine
die durch den getrockneten schlamm
an den felgen festkleben
und dadurch an den bremssätteln reiben
leicht entfernen
und wir können die fahrt fortsetzen
   am kasenyi-gate denken wir erstmalig
rechtzeitig daran
einen ranger um seine telefonnummer zu bitten
um im wiederholten fall des falles
einen hilferuf an ihn tätigen zu können
und vielleicht auch ein wenig abergläubisch
besagtem fall des falles auf diese art vorzubeugen

weil ja meistens nur dann etwas passiert
wenn man nicht versichert ist
und tatsächlich verläuft unser heutiger game drive
ganz ohne unliebsame zwischenfälle
  auf dem rückweg
wir haben für 14 uhr
eine bootsfahrt auf dem kazingakanal gebucht
machen wir einen stopp
bei einem gasthaus direkt am kanal
und stehen plötzlich zum ersten mal
einem nilpferd an land gegenüber
  es ist zum mittagessen an land
und dabei bis direkt zum gasthaus gekommen
  die durchwegs einheimischen gäste
finden das nicht weiter bemerkenswert
aber der wirt warnt uns sofort davor
dem tier beim fotografieren zu nahe zu kommen
macht gern einige fotos von uns
mit dem nilpferd im hintergrund
und nützt die gelegenheit
uns sein gesamtes angebot
inklusive bootsfahrt auf dem kanal vorzustellen
  er ist nicht enttäuscht oder sogar böse
als er hört
dass wir schon eine bootsfahrt gebucht haben
und nur etwas trinken wollen
sondern leistet uns die ganze zeit gesellschaft
und genießt es offensichtlich
sich einmal mit

aus seiner sicht
exotischen besuchern unterhalten zu können
    als wir aufbrechen
beschließt auch das nilpferd
wieder in den kanal zurückzukehren
und dabei können wir beobachten
dass mit so einem tier wirklich nicht zu spaßen ist
    es spaziert gemütlich richtung wasser
und alle weichen großräumig aus
nur ein junger mann bleibt stehen
das nilpferd bleibt auch stehen
dreht den kopf zu ihm hinüber
und schaut ihn böse an
    der mann weiß offensichtlich
was das bedeutet und weicht zurück
woraufhin das hippo seinen weg
seelenruhig fortsetzt
    sonny erwartet uns pünktlich im quartier
es hat während der fahrt hierher
zu regnen begonnen
aber er meint
rain is part of the nature
und sieht keinen grund die tour abzusagen
    da das boot ein dach hat
sehen auch wir keinen grund
und so begeben wir uns zu viert
sonny
der steuermann
barbara und ich

auf die zweistündige entdeckungsfahrt
entlang der ufer des kanals
auf der wir trotz des anhaltenden regens
unzählige nilpferde aus nächster nähe
verschiedenste vogelarten
büffel
einige elefantenherden
und sogar krokodile sehen können
   eine der elefantenherden
hat ein noch sehr kleines junges dabei
dem der rutschige boden sichtlich spaß bereitet
   es rutscht nämlich
als die herde sich wieder vom wasser zurückzieht
absichtlich noch einmal ein stück hinunter
schafft es dann aber nicht mehr
aus eigener kraft hinauf
was uns die möglichkeit
für eine ganz eindrucksvolle beobachtung gibt
denn sofort sind mehrere erwachsene zur stelle
und es ist fast rührend mitanzusehen
wie sie geduldig und mit vereinten kräften
dem kleinen beim aufstieg behilflich sind
und wir es dann
bis die herde hinter den büschen verschwindet
brav hinter seiner mutter hertrotten sehen
   die bootsfahrt ist zu ende
der regen auch
wir genießen die abendsonne
in der einsamkeit der lodge

es sind außer uns heute nur sechs gäste da
und warten auf das abendessen
   wieder werden wir auf die vorsichtsmaßnahmen
während der nachtstunden hingewiesen
ich halte sie aufgrund meiner erfahrungen
in der letzten nacht für übertrieben
kann die begleitung zum zelt aber nicht ablehnen
   nachts gehe ich aber doch alleine zur toilette
ich habe meine taschenlampe dabei
denn die wege sind alle unbeleuchtet
es passiert nichts
alles ist ruhig und friedlich

8-12 - was ist müll

   in der früh
es ist schon hell
mache ich mich wieder auf den weg
zur wc- und duschanlage
und was sehe ich
frische nilpferdspuren
keine zehn meter an unserem zelt vorbei
glück gehabt
oder ein weiteres aufregendes abenteuer versäumt
   aber was ist schon abenteuer
diese frage sehe ich einige minuten später
in einem ganz anderen licht
als ich unsere zeltnachbarin

eine französin
bitte
ein foto von uns zu machen
und wir dadurch kurz ins gespräch kommen
   sie und ihr partner sind per rad unterwegs
was an und für sich schon sehr mutig ist
aber dass sie damit von addis abeba aus
ohne guide und ganz auf sich allein gestellt
quer durch kenia und uganda
bis nach ruanda fahren
finde ich geradezu unvorstellbar
   fahrt ihr damit auch durch die nationalparks
frage ich sie
   ja natürlich
meint sie überrascht von meiner naiven frage
warum sollten wir das interessanteste auslassen
   aber was macht ihr
wenn euch ein löwe begegnet
habt ihr schon einen gesehen
   ja - haben wir
sagt sie so nebenbei und selbstverständlich
als wäre das die harmloseste sache der welt
   und - was ist passiert - frage ich
allein aufgrund dieser vorstellung
wahrscheinlich schon mehr aufgeregt
als die beiden
als sie dem löwen gegenübergestanden sind
   was soll denn passiert sein
fragt sie mit einem fast schon mitleidigen lächeln

und wenn er euch angegriffen hätte
lasse ich nicht locker
ihr die vermeintliche gefahr vor augen zu führen
gebe dieses ansinnen aber doch auf
als ich ihre antwort höre
warum sollte er angreifen
der hat doch vor menschen mehr angst
als umgekehrt
wir wünschen den beiden
alles gute für ihre weitere reise
und gehen frühstücken
kannst du dir vorstellen
dass in zwei wochen schon weihnachten ist
frage ich barbara
als mir das vollkommen unvermittelt
trotz sommerlicher temperatur
und auch sonst anzeichenlos
mit einem male bewusst wird
meine die frage aber rein rhetorisch
weil ich ihr damit nur mitteilen möchte
dass ich die adventzeit
bisher noch nie
in einer solchen umgebung erlebt habe

unsere erste station auf der weiterreise
ist der sogenannte queens pavillon
errichtet zu ehren der englischen königin
anlässlich ihres besuches im jahre 1954
also acht jahre

vor der erlangung der unabhängigkeit ugandas
auf die zu dieser zeit schon hingearbeitet wurde
  heute ist dieses
an und für sich unspektakuläre bauwerk
eine nostalgische touristenattraktion
die man unbedingt besuchen zu müssen glaubt
  auch wir sehen uns hier kurz um
machen ein paar fotos
überfliegen den text auf der gedenktafel
wechseln ein paar worte mit dem wärter
und wollen schon wieder weiter
da fährt ein blauer rav4 vor
den wir inzwischen schon sehr gut kennen
so etwas kann es doch gar nicht geben
  auch patrick und yasmina
können sich nicht genug darüber wundern
dass wir einander schon wieder treffen
zuerst im riesigen nationalpark
in dem man sich normalerweise
eher verliert als findet
und jetzt auch noch hier
nicht zu fassen
  wir plaudern kurz über die jüngsten erlebnisse
von denen es auf beiden seiten einige gibt
und beschließen dann
als sich herausstellt
dass wir in zwei tagen
zwar in verschiedenen hotels
aber doch in der gleichen stadt nächtigen werden

uns dort - nämlich in hoima
zu einem gemeinsamen abendessen zu treffen
tauschen unsere telefonnummern aus
und verabschieden uns
   unser navigationsgerät
dirigiert uns zur a109
die westlich des kibale nationalparks
unserem nächsten ziel
nach norden bis fort portal führt
   von dort werden wir dann richtung südost
in den nationalpark hineinfahren
wo wir morgen die schimpansen besuchen werden
   barbara ist heute beifahrerin
und sucht zwischendurch auf der karte
immer wieder nach lohnenden zielen
   es überrascht mich also nicht sonderlich
als sie den vorschlag macht
die hauptstraße zu verlassen
und auf den kleineren nebenstraßen
einen direkteren weg richtung osten zu suchen
   im gegenteil
genau diese flexibilität ist es ja
die wir beide so genießen
und die unsere reise auch so besonders macht
   wir biegen also bei buhesi
einem winzigen dorf irgendwo nördlich von hima
das auch niemand kennt
rechts ab und sind mit einem schlag
in einer ganz anderen welt

auf sehr sehr engen
und zum glück nahezu unbefahrenen wegen
auf den nächsten 15 km begegnet uns nur ein auto
geht es teils durch und teils vorbei an
winzigen dörfern
die vor uns noch nie ein tourist gesehen hat
　es wird wahrscheinlich doch nicht so sein
aber egal
genauso fühlt es sich an
und das ist das entscheidende
　reine fakten schaffen kein erlebnis
persönliche eindrücke
emotionen und gefühle dagegen schon
　nicht was man sieht ist entscheidend
sondern wie man es sieht
　am lake nkuruba
einem von etwa 50 kraterseen im kyatwa vulkanfeld
machen wir rast
und lassen das herrliche ambiente auf uns wirken
bevor wir das letzte stück unserer heutigen etappe
in angriff nehmen
und spätestens hier
erweist sich unsere routenwahl als volltreffer
denn die strecke von rwaihamba nach isunga
ist etwas ganz besonderes
　keine fahrzeuge
keine hektik
kein motorenlärm
nur ruhe

einfach gekleidete menschen
vor einfachen lehmhütten
und trotzdem
oder vielleicht gerade deswegen
alles so unglaublich sauber
  auf den ersten blick überraschend
vielleicht weil wir es gewöhnt sind
sauberkeit mit fortschritt zu verbinden
und einfaches leben mit unordnung und schmutz
aber bei näherem hinsehen wird mir bewusst
woran es wirklich liegt
  es gibt keine autowracks wie in den städten
keine weggeworfenen altreifen
keine verbeulten ölfässer und -kanister
es liegt kein verrostetes gerümpel herum
keine aussortierten möbel
kein plastik
kein müll
  es ist eine gegend
die vom export westlicher errungenschaften
verschont geblieben ist
die die schattenseiten sogenannten fortschritts
noch nicht kennengelernt hat
die so etwas wie müll noch nicht kennt
  in dieser gegend komme ich nicht drum herum
über die frage
was ist müll
nachzudenken
  müll ist abfall

etwas was man nicht braucht
nicht mehr braucht
nicht mehr haben will
  genaugenommen also ein symbol für luxus
die negative seite des wohlstands
der klotz am bein der wegwerfgesellschaft
den diese gesellschaft nicht los wird
weil der müll das einzige ist
das unsere gesellschaft nicht wegwerfen kann
obwohl wir täglich
hunderttausende tonnen davon wegwerfen
was uns auch diesen namen eingebracht hat
und zu folgender zweideutiger frage führt
sind wir zum wegwerfen da
  müll ist etwas was man nicht braucht
hier in diesem einzigartigen teil ugandas
gibt es nichts was man nicht braucht
also auch keinen müll
  liegt hier nicht die lösung für unser müllproblem
nicht weg mit allem was wir nicht brauchen
sondern produktionsstopp für alles unnötige
gar nicht erzeugen statt wegwerfen
  stattdessen aber erzeugen wir immer mehr müll
und gleiten immer weiter in die absurdität ab
indem wir zum beispiel unter müllvermeidung
nicht mehr das verstehen
was man eigentlich
als einziges darunter verstehen kann
nämlich die vermeidung der produktion von müll

sondern nur mehr das unkontrollierte wegwerfen
und meinen daher tatsächlich innovativ zu sein
wenn wir
um zum beispiel plastikmüll
auf diese art zu vermeiden versuchen
diesen in plastiktonnen sammeln
die speziell nur für diesen zweck
aus dem material hergestellt werden
das wir eigentlich vermeiden wollen
   welch ein müll
und welch ein auswuchs menschlicher entwicklung

   unser heutiges quartier heißt turaco treetops
und ist eine der außergewöhnlichsten lodges
die wir auf unserer reise kennengelernt haben
sie besteht aus einem einzigen größeren bau
dem restaurant
von dem aus
fußwege in alle richtungen
zu den einzelnen bungalows im wald führen
   natürlich ist auch das ein frevel
aber doch viel schonender für die landschaft
als ein riesiger hotelkomplex
   wir sind im schimpansenhaus untergebracht
einer richtig einsamen waldhütte
die etwas mehr als drei gehminuten
vom haupthaus entfernt
einen balkon direkt unter urwaldriesen
und eine dusche ohne dach

in der barbara das einzigartige vergnügen hat
während der körperpflege
einen affen in freier natur beobachten zu können
aber auch ein reges nachtleben bietet
in unserem konkreten fall eine maus
die wir die ganze nacht
an etwas herumknabbern hören
was sich am nächsten morgen
als erfolgreich durchlöcherte packung
unserer kekse entpuppt

9-12 - bei den schimpansen

   nur wenige kilometer von turaco treetops entfernt
befindet sich das kibale primate center
wo wir unser schimpansentrekking gebucht haben
   von hier fahren wir mit kleinbussen
in den nationalpark hinein
   während der fahrt
sticht mir die aufschrift auf einem karton
der im fahrzeug herumsteht
in die augen
nature creates the difference
   toller spruch
denke ich mir
   die führerin unserer siebenköpfigen gruppe
heißt patricia
mit ihr machen wir uns vom parkplatz aus zu fuß

auf die suche nach schimpansen
  wir müssen nicht lange suchen
kaum sind wir in den wald eingebogen
sehen wir auch schon zwei vertreter dieser art
auf einem gefällten baum vor uns sitzen
  der eine flüchtet sofort als wir uns ihnen nähern
während der andere noch kurz sitzen bleibt
um dann so gemütlich vor uns herzulaufen
dass wir ihm bequem folgen können
  immer wieder bleibt er stehen
setzt sich manchmal auch kurz hin
gestattet uns zwischendurch einige fotos
und läuft dann wieder weiter
so als würde er uns ganz bewusst
irgendwo hinführen wollen
  plötzlich brüllt er laut auf
trommelt dabei gegen einen baumstamm
reißt an ästen
und ist im nächsten augenblick verschwunden
  sein schrei kommt vielfach zurück
aber nicht als echo
sondern ganz offensichtlich
von einer gruppe seiner artgenossen
die sich ganz in unserer nähe befinden müssen
  patricia lächelt vielsagend und geht los
es dauert nicht lange
da bleibt sie stehen
zeigt mit ausgestrecktem arm
in die baumkronen hinauf und raunt uns zu

sie frühstücken noch
  schimpansen mit ihrem schwarzen fell
hoch oben auf den bäumen
und deswegen auch im gegenlicht zu beobachten
ist eher schwierig
aber nach und nach entdecken wir sie doch
und bewundern ihre geschicklichkeit
mit der sie sich von ast zu ast schwingen
  waren es bei den gorillas ihre wuchtigen körper
und die kraft die sie ausgestrahlt
und diese unglaubliche nähe
die sie uns gestattet haben
so ist es hier die leichtigkeit
mit der sich diese tiere
oder auch fast nicht mehr tiere
so hoch oben in den bäumen
selbst auf den dünnsten ästen bewegen
was uns an ihnen so fasziniert
  wie überlegen die uns doch sind
denke ich mir
wie die klettern können
wie sie
unabhängig von wind und wetter
in der natur problemlos überleben können
und wie wehrhaft sie auch sind
  im kampf eins gegen eins hätte keiner von uns
auch nur den funken einer chance
gegen einen von ihnen
  sie sind unsere nächsten verwandten

und sind doch so ganz anders als wir
  mir fällt dieser spruch wieder ein
nature creates the difference
durch ständige veränderung entsteht immer neues
immer anderes
immer verschiedenes
  es gibt zehntausende arten oder mehr
und von jeder art
sofern der mensch ihren bestand nicht gefährdet
noch viel mehr vertreter ihrer spezies
und doch gibt es weltweit keine zwei individuen
die einander vollkommen gleichen
  die natur ist endlos kreativ
seit die welt besteht hatte sie es nicht nötig
auch nur zweimal das gleiche hervorzubringen
immer schafft sie neue varianten
neue ausprägungen
neue arten
  und alle arten die sie entstehen lässt
sind perfekt an sie angepasst
sodass sie ohne technische hilfsmittel
in ihr überleben können
sich in ihr wohlfühlen können
nur eine nicht - der mensch
  wir sind die einzige art
die allein und ohne hilfsmittel
in der natur nicht überleben kann
  solange die welt schon besteht
hat es keine andere art gegeben

die sich so weit von der natur
von einem natürlichen leben
entfernt hat wie der mensch
    und trotz dieser tatsache bilden wir uns ein
experten für alles zu sein
also selbstverständlich auch für die natur
alle abläufe in der natur zu verstehen
und den planeten retten zu müssen
    die natur lacht doch nur über uns
sie verlacht uns und wir merken es gar nicht
weil wir sie gar nicht beachten
    es ist uns ja auch gar nichts gut genug an ihr
alles versuchen wir zu verändern
zu korrigieren
in die richtigen bahnen zu lenken
wie anmaßend
    und nun
nachdem wir mit unseren korrekturen
so viel schaden angerichtet haben
entdecken wir den umweltschutz
und gehen es wieder falsch an
weil wir immer nur bewahren wollen
    alles was uns genehm ist
wollen wir unverändert beibehalten
anstatt der natur freien lauf zu lassen
    nature creates the difference
es gibt in der natur kein gleichbleiben
es gibt keinen stillstand
alles verändert sich ständig

wenn es etwas zu bewahren gilt
dann die möglichkeiten der natur
sich auch weiterhin ständig verändern zu können
  doch dazu müssen *wir* uns
wieder mehr an die natur anpassen
anstatt zu versuchen
die natur immer mehr und immer rücksichtsloser
unseren vorstellungen anzupassen

  gerade in dem moment
in dem wir uns anschicken wieder zurückzugehen
kommt einer der schimpansen vom baum herunter
und wir erleben das gleiche schauspiel
wie auf unserem weg hierher
  er geht uns vor
sogar ungefähr in die richtung zu unserem auto
stoppt einige male
und lässt sich in aller ruhe fotografieren
  kommt dir das auch eigenartig vor
frage ich barbara
  was meinst du
zeigt sie sich vollkommen fern dieses verdachts
der mich in den letzten sekunden befallen hat
  ich erkläre es ihr
also wenn der uns jetzt tatsächlich wieder
genau zu unserem auto zurückbringt
wonach es bis jetzt aussieht
dann kann mir niemand erzählen
dass er nicht dressiert ist

das glaubst du wirklich
empört sich barbara darüber
und setzt an
mir das gegenteil zu beweisen
diese engländerin
die auch in unserem bus hierher gebracht wurde
die war auch schon gestern hier
was meinst du
warum sie heute noch einmal dabei ist
weil sie die permits so billig findet
und weil sie zeit hat
antworte ich fragend
nein - belehrt sie mich
sondern weil sie gestern
keinen einzigen schimpansen
zu gesicht bekommen hat
was meinst du
wäre ihr das auch passiert
wenn diese tiere dressiert wären
ich muss ihr natürlich recht geben
und bekomme barbaras sicht bald darauf
eindrucksvoll bestätigt
als sich unser tierischer führer mit lautem gebrüll
wieder von uns verabschiedet
und wir
ganz gegen meine einschätzung
nun eine vollkommen andere richtung
einschlagen müssen
um wieder zu unserem parkplatz zu gelangen

selten zuvor war ich so froh
mich getäuscht zu haben
weil mir nun erst bewusst ist
wie viel glück wir schon wieder gehabt haben

10-12 - unterwegs nach hoima

wir müssen um nach hoima zu gelangen
wieder am gate in den nationalpark vorbei
auf dem weg dorthin
kommt uns eine gruppe wanderer
auf unserer seite entgegen
als wir näherkommen sehen wir
dass die letzten zwei in der gruppe stehenbleiben
und sich vor lachen biegen
sie können es gar nicht glauben
dass sie uns schon wieder treffen
und wir sind ebenso überrascht
als wir patrick und yasmina sehen
auf unsere frage
warum sie hier auf der straße dahinspazieren
erzählen sie uns
dass sie schon seit zwei stunden unterwegs sind
und noch keinen schimpansen gesehen haben
sofort muss ich wieder daran denken
wie falsch ich gestern gelegen bin
als ich wild lebenden tieren dressur unterstellt habe
und weiß unser glück nun erst recht zu schätzen

also dann bis heute abend in hoima
hören wir von den beiden noch
dann eilen sie der gruppe hinterher
und auch wir setzen unsere fahrt fort
  wir haben zwar nur etwa 40 km bis fort portal
aber da wir gestern am nachmittag
noch ein wenig in der gegend herumgefahren sind
in einer gegend in der es keine tankstelle gibt
sind wir nun
was wir immer tunlichst zu vermeiden versuchten
sozusagen mit dem letzten tropfen unterwegs
  zirka zehn km vor fort portal erblicken wir
endlich die erlösende anzeigetafel einer tankstelle
  der tankwart kommt auch gleich auf uns zu
ich steige aus und öffne den einfüllstutzen
um ihn ein paar sekunden später
enttäuscht wieder zu verschließen
als ich hören muss dass es zwar genug diesel gebe
benzin aber leider keines mehr vorhanden sei
  fängt ja wieder gut an
genau dieses erlebnis fehlt uns noch
sage ich zu barbara als ich wieder einsteige
und möglichst kraftstoffsparend weiterfahre
  zehn kilometer noch
das ist doch gar nichts
das schaffen wir schon
höre ich von der beifahrerseite
  vorausgesetzt wir kommen in keinen stau
oder an eine größere umleitung

merke ich
alle eventualitäten bedenkend
ohne jedoch pessimistisch sein zu wollen
nervenkitzelnd an
  glücklicherweise bleiben alle diese bedenken
im konjunktiv
denn fort portal erwartet uns
wie es sich für eine stadt
mit guter infrastruktur gehört
schon in der perpherie mit einer großtankstelle
die punkto service keine wünsche offen lässt
  während des tankwarts bemühungen
dem eigentlichen grund unseres besuches gelten
und ein zweiter angestellter unser fahrzeug
auf eventuelle mängel unter der motorhaube
untersucht
werde ich auf einen dritten aufmerksam
der die reifen begutachtet
und am reserverad fündig zu werden scheint
  natürlich nehme ich sein angebot an
als er mich fragt
ob er sich den reifen näher ansehen dürfe
fahre zur seite
und staune nicht schlecht
als er schließlich nicht eine
sondern gleich drei schadhafte stellen findet
die er so schnell und geschickt repariert
wie ich es selten zuvor gesehen habe
  zum schluss bietet er mir noch

eine original-toyota-schraubenabdeckung
für das rechte vorderrad an
die wir wahrscheinlich verloren haben
als wir im queen elizabeth nationalpark
im schlammloch steckengeblieben sind
was aber weder barbara noch mir aufgefallen ist
wieder einmal ist das glück auf unserer seite
denn wenn wir an der anderen tankstelle
benzin bekommen hätten
wäre der reifen nicht repariert worden
was im falle einer zweiten reifenpanne
sehr unangenehm werden können hätte
diese tüchtigkeit und aufmerksamkeit
sowie dieser unkomplizierte service
imponieren mir sehr
welch ein unterschied im vergleich
zu österreichischen tankstellen
wo es größtenteils nicht einmal mehr tankwarte gibt
sondern nur mehr diese unpersönlichen automaten
wir reden auch von service
aber wir meinen überteuerte professionalität
rücksichtslose rationalisierung
automatisierung
sowie angeblich qualitätssteigernde auflagen
die jegliche flexibilität unterbinden
und das alles zusammen
lassen wir uns dann als fortschritt verkaufen
aber kann man es wirklich als fortschritt
als menschlichen fortschritt bezeichnen

wenn improvisationstalent und kreativität
tüchtigkeit und hilfsbereitschaft
in vorschriften erstickt werden
wenn menschliche arbeitskraft
nicht mehr leistbar ist
wenn wir uns selber wegrationalisieren
und stolz durch maschinen ersetzen
   was verstehen wir eigentlich unter fortschritt
frage ich mich
und finde mich wieder mitten in diesen gedanken
die mich schon damals beschäftigt haben
als wir im lake mburo national park
von william und aaron gerettet worden sind
   meinen wir damit nur technischen fortschritt
und automatisierung
meinen wir damit unbedingtes
und ständiges wirtschaftswachstum
oder meinen wir damit doch auch
eine menschliche entwicklung
   sollte man fortschritt nicht auf jeden fall
als einen prozess sehen
in dem immer auch
eine höhere menschliche entwicklung
angestrebt wird
weil in jedem anderen fall
die bedingungen unmenschlicher werden
also einem rückschritt gleichkommen würden
   im human development index
einer statistik der uno

versucht man die menschliche entwicklung
mithilfe eines zahlenwertes von 0 bis 1
nach den folgenden drei kriterien zu bewerten

1 - die fähigkeit
      ein langes und gesundes leben zu führen
      gemessen an der lebenserwartung bei der geburt
2 - die fähigkeit
      wissen zu erwerben
      gemessen an durchschnittlichen schuljahren
      und erwarteten schuljahren
3 - die fähigkeit
      einen angemessenen lebensstandard
      zu erreichen
      gemessen am bruttonationalprodukt pro kopf

   unbestritten drei sehr wichtige kriterien
nach denen im jahr 2019
norwegen mit 0,954
vor der schweiz mit 0,946
den ersten platz einnimmt
   irland liegt als bester eu-staat an dritter stelle
österreich auf platz 20 mit einem index von 0,914
bulgarien und rumänien teilen sich
als schlechtestplatzierte eu-länder den 52sten platz
algerien als bestplatzierter afrikanischer staat
ist 82ster
uganda findet man auf rang 159 mit 0,528
und an 189ster und letzter stelle

rangiert niger mit einem index von 0,377
   unter den ersten 50 plätzen
findet man gleich 33 europäische vertreter
und keinen einzigen afrikanischen
unter den letzten 50 dagegen
gibt es null europäische staaten
aber sage und schreibe 37 afrikanische
   keine überraschende reihung
aber natürlich drängt sich die frage auf
ob angesichts des obigen vergleiches
diese drei kriterien tatsächlich ausreichen
um den stand einer menschlichen entwicklung
angemessen auszudrücken
ob es wirklich zielführend ist
sich dabei allein an der lebensweise
der westlichen industriestaaten zu orientieren
durch die doch bekanntermaßen
schon eine menge globaler probleme
verursacht worden ist
und ob es sich bei einem hdi in dieser form
genaugenommen
nicht um einen reinen reichtumsindex handelt
   wo bleibt die menschliche komponente
wo die ökologische
   sollte man nicht unbedingt auch
eine bewertung der bemühungen und maßnahmen
für den frieden im eigenen land und weltweit
miteinbeziehen
und ebenso eine bewertung der maßnahmen

für die erhaltung bzw wiederherstellung
eines intakten ökosystems
das selbstverständlich
auch den artenschutz inkludiert
also für die wertschätzung der gesamten natur
oder deutlicher ausgedrückt
für die achtung der natur
weil das wort wertschätzung
zumindest unbewusst
immer auch eine monetäre bewertung meint
  denn es ist doch so
dass die nach dem hdi
menschlich besonders hochentwickelten länder
derzeit den deutlichsten ökologischen fußabdruck
im sensiblen ökosystem hinterlassen
  wenn wir aber ein intaktes ökosystem
als grundlage für menschliches wohlergehen
und eine hohe lebenserwartung
bei bester gesundheit voraussetzen
und anders ist es eigentlich nicht denkbar
dürfte man eine solche bewertung
der menschlichen entwicklung
die weder ökologische noch menschliche aspekte
mit einbezieht
nicht als kompetent ansehen
  menschlichkeit bedeutet verantwortung
im falle der gesamten menschheit
bedeutet dies die verantwortung
für das gesamte ökosystem

für den gesamten planeten
und nicht nur für den eigenen kleinen bereich
in dem man ständig danach strebt
die anderen mit allen mitteln
wirtschaftlich zu überflügeln
  eine bewertung der menschlichen entwicklung
die für diese bewertung nur egoistische kriterien
heranzieht
also kriterien
die allein dem menschen selbst
und auch hier nur in form von reichtum
zugute kommen
muss dringend überarbeitet werden
denn reichtum
hat mit menschlichkeit nichts zu tun
  die menschheit hat im laufe der geschichte
leider schon oft bewiesen
dass menschlichkeit nicht ihr höchstes ziel ist
reichtum und macht es aber sehr wohl sind
  es wäre also an der zeit
sich endlich klar
zu einer menschlichen entwicklung
oder noch deutlicher ausgedrückt
zu einer entwicklung der menschlichkeit
zu bekennen
anstatt menschheitsentwicklung
die ja nicht unbedingt und zwangsläufig
in eine positive richtung führen muss
sondern auch negativ verlaufen kann

in nichtssagenden zahlen ausdrücken zu wollen
und es wäre ebenso an der zeit
endlich auch in den ländern
der sogenannten ersten welt
zu hinterfragen
ob am ende der menschlichen entwicklung
wirklich nur reichtum
in form von finanziellem wohlstand stehen kann
oder ob es nicht eher das glück
also der glückliche mensch sein sollte
und wie man diesem ziel näherkommt
im königreich bhutan arbeitet man daran
dort hat man neben allseits bekannten ministerien
auch ein glücksministerium eingerichtet
also einen minister installiert
dessen aufgabe es ist
die voraussetzungen dafür zu schaffen
dass die menschen im land glücklich sein können
das ist fortschritt
daran sollte man sich ein beispiel nehmen
wie aber reagiert man tatsächlich darauf
die meisten menschen belächeln es
wenn sie davon hören
und dass auch in expertenkreisen
dieses land nicht ernst genommen wird
sieht man daran
dass es im hdi-ranking der uno
nur auf rang 134 zu finden ist
während zum beispiel saudi arabien

ein land
in dem menschenrechte nicht allzu viel zählen
an 36ster stelle zu finden ist
    natürlich beteuert jeder politiker
auch der rücksichtsloseste tyrann wahrscheinlich
nichts anderes im sinn zu haben
als die menschen glücklich zu machen
aber wenn man sich ansieht
wie viele kriege und wie viel not es gibt
kann man solche beteuerungen nicht ernst nehmen
    ernst genommen wird leider nur ein land
das wirtschaftlich
und damit auch militärisch stark ist
und alles daransetzt diese stärke
die ja nicht unbedingt
direkt zum glück der menschen beiträgt
nicht nur zu erhalten
sondern permanent auszubauen
    aber um welchen preis
die suizidstatistik der who
zeigt im vergleich der europäischen länder
zu den afrikanischen
folgendes bild
    auf den ersten 50 plätzen dieses rankings
also unter den höchsten suizidraten
findet man 29 europäische vertreter
und nur 5 afrikanische
unter den letzten 50 dagegen
wo es um die niedrigsten suizidraten geht

ist die situation umgekehrt
hier findet man 16 afrikanische länder
aber nur ein einziges europäisches
   eine sehr interessante aussage ergibt sich auch
wenn man die ränge dieser tabelle
zu jenen der hdi-reihung addiert
denn das land mit der niedrigsten summe
müsste demnach höchsten wohlstand bieten
und trotzdem
sehr unglückliche menschen beheimaten
   diese wertung wird von südkorea angeführt
das in der hdi-tabelle als 22stes land
nur knapp hinter österreich liegt
in der suizid-tabelle aber
an vierter stelle aufscheint
   leider ist das kein einzelfall
denn die zehn bestplatzierten in der hdi-wertung
finden sich alle
unter den ersten 64 der suizid-tabelle
   diese interpretation der beiden rankings
weckt natürlich auch die neugierde nach jenem land
das die höchste summe aufweist
   dieses land ist aktuell der südsudan
der zu den allerärmsten ländern der welt zählt
und trotzdem mit seiner suizidrate
unter den letzten 50 zu finden ist
   erstaunlich
denn eigentlich sollte man
zu einem ganz anderen ergebnis kommen

weil menschen doch umso glücklicher sein müssten
je höher das land in dem sie leben
menschlich entwickelt ist
   wenn dies nicht der fall ist
versteht man entweder unter glück etwas falsches
oder unter dem begriff menschliche entwicklung
oder - dritte möglichkeit
man weiß zwar
dass diese beiden dinge zusammengehören
entwickelt aber trotzdem in eine andere richtung
zum beispiel nach rein wirtschaftlichen interessen
statt auch nach menschlichen kriterien
und begeht somit
einen betrug an der menschlichkeit
den man nur mehr als vorsätzlich bezeichnen kann

   auf unserer fahrt nach norden
kommen wir bald
nachdem wir fort portal verlassen haben
in eine gegend mit einer riesigen teeplantage
   teepflanzen so weit das auge reicht
und alle sauber auf die gleiche höhe geschnitten
   maschinelle bearbeitung
ist mein erster gedanke
aber wir sehen keine maschinen
stattdessen sehen wir bald den wirklichen grund
für diese exakte arbeit
   hunderte von arbeitskräften auf jedem feld
meist weiblich

mit einer einfachen handschere ausgerüstet
und einem korb am rücken
in den sie das schnittgut
über den kopf hineinwerfen
　　nach einigen kilometern kommen wir zur fabrik
wir parken uns davor ein
und wollen eine besichtigung machen
doch am tor werden wir mit der begründung
der indische besitzer wolle das nicht
kurzerhand abgewiesen
　　in der 20000 einwohner-stadt kagadi
machen wir eine trinkpause
　　der wirt begrüßt uns wie zwei alte bekannte
und weicht nicht mehr von unserer seite
　　falls wir wieder einmal nach uganda kämen
sollten wir unbedingt bei ihm ein zimmer nehmen
meint er beim abschied
　　am späten nachmittag erreichen wir hoima
laut reiseführer wirkt diese stadt
mit ihren 40000 einwohnern
etwa 25 km östlich des albertsees gelegen
auf den ersten blick etwas heruntergekommen
　　wir finden dass dieser erste blick
gar nicht enden will
　　zum abendessen fahren wir daher
ein stück aus der stadt hinaus
in ein hotel namens kontiki
wo wir uns mit unseren düsseldorfer freunden
wie vereinbart treffen wollen

es ist eine wunderschöne anlage
der nur eines fehlt - gäste
trotzdem werden wir
als auch patrick und yasmina eintreffen
erstklassig bedient
und auch das essen schmeckt vorzüglich
aus rücksicht auf das personal
das nur für uns vier da ist
und auf die tatsache
dass wir am nächsten morgen
möglichst früh aufbrechen wollen
verabschieden wir uns bald nach dem essen wieder
und fahren in die stadt zurück
es sind nur ungefähr drei kilometer
aber jedenfalls wieder eine neue erfahrung
denn wir erleben bedingungen
mit denen wir einfach nicht gerechnet haben
die straßen sind belebt wie am tag
aber vollkommen unbeleuchtet
die meisten mopedfahrer auch
und die vielen fußgänger die ständig
und an jeder beliebigen stelle die straße kreuzen
und im gegenlicht der autoscheinwerfer
kaum zu sehen sind
fordern zusätzlich noch ein hohes maß
an sowieso schon höchster konzentration
dass hier nicht im minutentakt unfälle passieren
mag für einen europäer unbegreiflich sein
hat aber doch einen simplen grund

der auf ugandas straßen
und nicht nur hier
sondern eigentlich in allen lebensbereichen
laufend zu beobachten ist
es ist dieses hohe maß an eigenverantwortung
das hier jeder als selbstverständlich erachtet
während wir in europa
durch immer kleinlichere vorschriften
zu immer mehr unselbstständigkeit
und sogar ängstlichkeit erzogen werden
es ist dieses natürliche vertrauen
in die eigenen fähigkeiten
während man es in europa
unerklärlicherweise als errungenschaft sieht
für elementarste fertigkeiten
für einfachste aufgaben im täglichen leben
für selbstverständlichkeiten
immer mehr seminare und tipps von experten
in anspruch zu nehmen
und es ist nicht zuletzt
dieser unverdorbene gesunde menschenverstand
der uns davon abhält
hinter allem und jedem
eine existenzbedrohende gefahr zu sehen
und aus allem eine wissenschaft zu machen
der uns davor bewahrt
aus jedem virus einen elefanten zu machen
obwohl genau das in der derzeitigen situation
in der die viren überhand nehmen

nicht nur für die dickhäuter die rettung wäre
und der es nicht zulässt
sich über kurz oder lang
selber lebensunfähig zu machen

11-12 - bootsfahrt am viktorianil

afrikanische städte sind allgemein laut
wenn dann noch eine große baustelle
die fast das ganze zentrum umfasst
dazukommt
trägt dies nicht gerade zur beruhigung bei
aber dass wir schon um halb 5
von einem mix aus geschrei
motorenlärm und gehupe
und dazu noch einem muezzin über lautsprecher
geweckt werden
ist selbst für afrikanische verhältnisse
ein wenig ungewöhnlich
der vorteil dieses unbarmherzigen weckrufs ist
dass wir früh starten können
und das ist gut so
denn wir haben wieder einiges vor
und kommen zunächst auch noch gut voran
werden aber schon bald
von einer straßensperre überrascht
die uns einen größeren umweg über feldwege
aufzwingt

durch den wir einerseits zwar etwas zeit verlieren
andererseits aber
die zweitgrößte zuckerrohrplantage des landes
kennenlernen
  die kinyara sugar factory
die wie die teeplantage
die wir gestern durchquert haben
in indischem besitz ist
liefert ein drittel der ugandischen zuckerproduktion
  auch hier sind hundertschaften von arbeitern
auf den feldern zu sehen
die
wenn sie einen transport begleiten
oder zu fuß von einem feld zum anderen
unterwegs sind
immer an einem zuckerrohrstängel kauend
anzutreffen sind
  nach etwas mehr als 15 km zuckerrohr
und nichts als zuckerrohr
kommen wir wieder auf die straße
müssen aber schon bald nach masindi
diese wieder verlassen
weil auch das kichumbanyobo gate
unser tor zum murchison national park
nur über unasphaltierte straßen zu erreichen ist
  dies ist deswegen bemerkenswert
weil sich uns gleich hinter dem gate
ein ganz anderes bild zeigt
  hier stoßen wir auf eine trasse

großzügig angelegt
geschätzte 30 meter breit und schnurgerade
die unmissverständlich zeigt
wie die zukunft der ugandischen nationalparks
leider aussehen wird
    nach zirka 30 km kommen wir an den nil
der in diesem abschnitt
zwischen dem viktoriasee und dem albertsee
viktorianil oder auch kyoganil genannt wird
    die vielen bezeichnungen des nils
sind auf den ersten blick etwas verwirrend
kein wunder beim längsten fluss der welt
der die naturforscher lange zeit
über seine eigentliche quelle rätseln ließ
    heute misst man den 6650 km langen nil
entlang folgender abschnitte
    sein längster quellfluss ist der luvironza
der aus burundi kommt und sich
mit dem kürzeren aber wasserreicheren
ruandischen quellfluss zum kageranil vereinigt
der in den viktoriasee mündet
    ab hier trägt er den namen viktorianil
wird aber ab dem kyogasee auch kyoganil genannt
der in den albertsee mündet und danach
bis zur grenze zum südsudan albertnil heißt
    der gesamte lauf bis hierher
und sogar noch weiter bis nach khartum
wird auch weißer nil genannt
der hier in der nähe der sudanesischen hauptstadt

vom blauen nil zufluss erhält
    der blaue nil wurde früher als zweiter quellfluss
heute aber meist als größter nebenfluss
des eigentlichen nil bezeichnet
der schließlich ab kairo in einem riesigen delta
in das mittelmeer mündet
    an diesem beeindruckenden fluss
wollen wir also eine bootsrundfahrt machen
die uns bis in die nähe des berühmten
murchison wasserfalls führen soll
genaugenommen ist dies nicht unsere erste fahrt
auf ugandischem nilwasser
weil ja auch das wasser des kazingakanals
und damit auch das der beiden seen
die er verbindet
über den fluss semliki in den nil fließt
    uganda wird
ähnlich wie österreich von der donau
fast zu 100 prozent vom nil entwässert
    während wir schon auf dem boot
auf die abfahrt warten
werde ich auf einen baum
mit ganz eigenartigen früchten aufmerksam
    sie sind über einen halben meter lang
hängen wie an schnüren fast zwei meter
von den ästen herunter
sehen aus wie eine riesige wurst
und sind aufgrund dieser ähnlichkeit
tatsächlich namensgebend für den wurstbaum

dessen früchte und holz
vielseitige verwendung finden
  nur als schattenspender für menschen
eignet sich der baum überhaupt nicht
weil man von den mehr als 10 kg schweren
früchten leicht getroffen
und schwer verletzt werden könnte
  unsere dreistündige bootstour
die vor allem landschaftsmäßig
die auf dem kazingakanal
noch bei weitem übertrifft
und auch eine noch abwechslungsreichere tierwelt
zu bieten hat
führt uns zuerst flußaufwärts
  unser ziel ist der murchison wasserfall
einer der größten
und vor allem attraktivsten wasserfälle der welt
  die spannung steigt mit jeder flußbiegung
und es ist interessant zu beobachten
wie die blicke der passagiere
die anfangs die ufer rechts und links
unermüdlich
aber sehr erfolgreich nach tieren absuchten
mittlerweile nur mehr nach vorne gerichtet sind
weil jeder den wasserfall als erster sehen möchte
  vorfreude ist nun einmal die schönste freude
denn die erfüllung kann der erwartung
vor allem in unserer sensationsgierigen zeit
nur mehr selten gerecht werden

und so verstummen die aaaahs und oooohs
als wir den wasserfall endlich vor uns haben
sehr bald wieder
weil wir uns aufgrund der starken strömung
unterhalb des falls
diesem nicht allzu weit nähern dürfen
    man fühlt oder erahnt aus dieser entfernung
die wucht der wassermassen mehr
als man sie tatsächlich sieht
und auch für zufriedenstellende fotos
ist die große distanz
gepaart mit der dunstwolke über dem fall
kaum geeignet
    barbara und ich beschließen
den murchison fall am nächsten tag
von der anderen seite her zu fuß zu erkunden

    das red chili rest camp
ist nur ein paar fahrminuten vom nil entfernt
und bietet rund um das zentrale restaurant
einige kleine hütten zum übernachten an
    auch hier werden wir davor gewarnt
dass in der nacht wilde tiere auftauchen könnten
    wir kennen solche warnungen schon
nehmen sie nicht mehr allzu ernst
genießen das abendessen
und ziehen uns dann in unser quartier zurück
    alles ist ruhig und friedlich
auch unser schlaf

bis ich irgendwann
von einem eigenartigen geräusch geweckt werde
   zuerst glaube ich es käme von der decke
weil von dort schon am abend
mittlerweile in solchen quartieren
für mich nicht mehr überraschend
einiges an mein ohr gedrungen ist
   was ich aber jetzt höre klingt anders
schabend
kauend
schnaufend
oder ein mix aus allen dreien
ich weiß es nicht
wie soll ich ein geräusch benennen
das ich davor noch nie gehört habe
   es kommt eindeutig von draußen
und langsam aber stetig näher
   ich schlüpfe durch das moskitonetz
nehme meine taschenlampe
halte aber
bevor ich sie einschalte
meine hand davor
um die helligkeit so steuern zu können
dass ich erstens barbara nicht störe
und zweitens nicht die aufmerksamkeit
des nächtlichen besuchers errege
öffne die tür vorsichtig einen spalt
und schalte das licht wieder aus
   es dauert einige augenblicke

bis sich meine augen an die dunkelheit gewöhnen
aber außer den umrissen der nachbarhütten
kann ich nichts erkennen
   ich wage einige schritte von der türe weg
blicke vorsichtig um die ecke
und da sehe ich sie
   zwei riesige körper
die sich langsam auf mich zu bewegen
   mein erster gedanke
stehenbleiben und genießen
solange sie mich nicht bemerken
mein zweiter
barbara wecken und sie
an diesem einmaligen erlebnis teilhaben lassen
die entscheidung ist schnell gefällt
   barbara wach auf
versuche ich mit möglichst leiser stimme
möglichst laut zu sein
wir haben besuch
   sie hört mich sofort
ist auch gleich hellwach und schleicht sich zur tür
   komm ruhig heraus
spreche ich ihr mut zu
sie haben uns noch nicht bemerkt
   genau diese tatsache
nämlich dass sie uns nicht wahrnehmen
können wir fast nicht glauben
aber wir sind froh darüber
und können uns gar nicht sattsehen

an den beiden pferden aus dem nil
wie sie da grasend und genüsslich schmatzend
langsam auf uns zukommen
   vollkommen undenkbar
dass man sich bei tageslicht einem nilpferd
so weit nähern könnte
ohne von ihm sofort attackiert zu werden
   die anzahl der jährlichen tödlichen angriffe
die von keiner anderen tierart in afrika
überboten wird
beweist das eindrucksvoll
weshalb wir uns nun doch schritt für schritt
bis hinter die halb geöffnete tür zurückziehen
von wo aus wir sie schließlich fast zum greifen nahe
in ihre frühmorgendliche mahlzeit vertieft
scheinbar unendlich langsam
an uns vorbeiziehen sehen - spüren
ja genau - spüren müsste man eigentlich sagen
so nahe sind sie uns
und wir stehen wie versteinert da
überwältigt von dem bewusstsein
wieder einmal etwas erleben zu dürfen
was man in keinem reisebüro der welt buchen kann

12-12 - murchison falls

   mit einem erlebnis wie diesem
von dem man

nicht nur deswegen
weil man danach doch noch kurz geschlafen hat
behaupten könnte
es sei ein traum gewesen
in den tag zu starten
ist ein wunderbares gefühl
  wir nehmen dieses gefühl heute
wie auch unser frühstück
mit auf die fahrt
weil uns die fähre
schon um acht uhr über den nil bringen soll
das frühstück in der lodge
unverständlicherweise aber
erst ab halb acht möglich ist
was in unserem fall sicher zu knapp wäre
um diese fähre noch zu erreichen
  aber es ist uns eigentlich egal
wir genießen unsere samosas und bananen
die wir schon am abend davor geordert haben
hier im freien genauso
während wir dabei zusehen
wie die fähre startklar gemacht wird
  wir stehen jedenfalls als erste bereit
mit unserem fahrzeug die fähre zu erklimmen
und erklimmen ist nicht übertrieben
denn es handelt sich um ein unbefestigtes ufer
an dem das schiff anlegt
und entsprechend anspruchsvoll
ist die auffahrt mit dem auto selbst dann noch

als die besatzung auf meine bitte hin
sie mit den bereitgelegten klötzen
doch ein wenig zu entschärfen
die landstelle bereitwilligst und ohne zu zögern
sogar extra noch einmal anmanövriert
um die auffahrrampe günstiger zu positionieren
    es handelt sich um eine eher kleine fähre
auf der maximal acht pkw platz finden
aber in unserem fall ist auch ein reisebus dabei
was die überfahrt
zu einem spannenden erlebnis werden lässt
das darin gipfelt
dass wir auf der anderen seite des flusses
einen uns inzwischen wohlbekannten blauen
am parkplatz abgestellten toyota entdecken
    dass patrick und yasmina auf dieser seite
ihr quartier haben ist uns bekannt
allerdings wissen wir nicht welches
haben uns nicht mit ihnen verabredet
und kennen auch ihre weiteren pläne nicht genau
    aufgrund des geparkten autos
können wir uns aber leicht zusammenreimen
dass sie sich gerade auf der bootsfahrt befinden
die wir schon gestern unternommen haben
    wir müssen jedenfalls
bevor wir in die heutige safari starten
erst einmal tanken
und begeben uns zu diesem zweck
zu der einzigen uns bekannten tankstelle

innerhalb des nationalparks
   hier wartet noch eine überraschung auf uns
weil wir davon ausgegangen sind
es handle sich um eine öffentliche tankstelle
nun aber erfahren
dass sie von der nahegelegenen safari lodge
in der wir im voraus bezahlen müssen
privat betrieben wird
   und hier wartet die eigentliche überraschung
denn der benzinpreis entspricht exakt
der vornehmheit dieser lodge
aber was kann uns noch erschüttern
   unsere fahrt durch den wildreicheren
nördlichen teil des nationalparks
verläuft dagegen fast ein wenig eintönig
weil die game drives für uns mittlerweile
obwohl wir wieder viele tiere
vor allem giraffen sehen
fast schon business as usual ist
aber das soll sich bald ändern
   wo der kyoganil in den albertsee mündet
ist im laufe der jahrtausende eine
weitläufige deltamündung entstanden
die landschaftlich äußerst reizvoll ist
und eine besonders artenreiche tierwelt beheimatet
   dies zieht natürlich die besucher an
und so wundert es uns nicht
dass wir hier gleich
auf zwei besucherfahrzeuge treffen

die nahe am wasser geparkt sind
während die passagiere am ufer herumspazieren
und fischer in ihren booten sowie die vogelwelt
und die büffelherde in der nähe beobachten
  wir parken unser auto neben der toilettenanlage
die es hier erstaunlicherweise gibt
und begeben uns zu fuß
in diese so friedlich wirkende landschaft
  doch kaum haben wir
die gruppe der anderen besucher erreicht
ändert sich das schlagartig
  lions - come quickly
brüllt einer der guides
aus dem einen der beiden fahrzeuge
  ich halte das zunächst für einen scherz
im nächsten augenblick aber
als ich die aufregung um mich herum
und alle
schutzsuchend wie ich meine
auf die autos zulaufen sehe
bin ich ewas beunruhigt
weil wir es im falle eines angriffs durch die löwen
sicher nicht mehr bis zu unserem auto schafften
registriere aber bald
wie der vermeintliche warnruf
tatsächlich gedacht war
als ich barbara schon eifrig fotografieren sehe
und dadurch des gemächlich
in einer entfernung von etwa 500 bis 600 meter

dahintrottenden raubtierpärchens gewahr werde
während unsere kollegen
auf den schnappschuss ihres lebens hoffend
in den beiden geländewagen davonbrausen
    das wird nichts
sage ich zu barbara
das können wir uns sparen
und meine damit nicht ihre fotos
sondern die angesprochene verfolgungsjagd
    also beobachten wir die beiden löwen
von unserem standort aus
bis sie im gebüsch verschwinden
machen in aller ruhe noch ein paar fotos
von der büffelherde
und setzen dann unseren weg fort
    von den beiden geländewagen
ist längst keine spur mehr zu sehen
leider auch von den raubkatzen nicht
aber wir dürfen uns wieder
als die einzigen besucher hier fühlen
und das genieße ich
und fahre gerade gemütlich unseren weg dahin
als barbara mich aus den gedanken reißt
    da sind sie - bleib stehen
augenblicklich komme ich der aufforderung nach
und in der tat
genau in diesem moment
treten die beiden löwen
seelenruhig aus dem gebüsch heraus

und überqueren direkt hinter unserem fahrzeug
weibchen voran männchen hinterher
den fahrweg
    soll ich das fenster öffnen oder
obwohl es gefährlicher ist aber schneller geht
gleich die ganze tür
soll ich fotografieren oder filmen
oder nur beobachten
    es sind nur wenige meter
die sich der könig der tiere mit seiner gefährtin
uns zeigt
und als die beiden weg sind
habe ich zwei fotos
null brauchbare videos
aber auf jeden fall die unauslöschliche erinnerung
an ein eigentlich unbeschreibliches erlebnis
an eine begegnung
mit der wir nicht mehr gerechnet hätten
    wir sitzen da und machen uns
die großartigkeit des augenblicks
gegenseitig noch einmal bewusst
da kommt einer der beiden geländewagen daher
hält neben uns
und der fahrer erkundigt sich ungeduldig
ob wir die löwen gesehen hätten
    ja - haben wir
ein männchen und ein weibchen
berichten wir ihm nicht ohne stolz
    und wo sind sie hin

fragt er mit leichtem ärger in der stimme
als ob wir etwas dafür könnten
dass er
der profi
seinen passagieren dieses erlebnis
das uns ahnungslosen amateuren
so glücklich in den schoß gefallen ist
wahrscheinlich nicht mehr bieten können wird
   wir zeigen ihm aber trotzdem
wo wir sie zuletzt gesehen haben
und begeben uns mit einem zufriedenen grinsen
ob dieser begebenheit
auf die suche nach neuen abenteuern
   der murchison nationalpark
ist vor allem für seine giraffen bekannt
und wir haben heute schon einige
dieser interessanten langhälse zu gesicht bekommen
also nehmen wir sie fast schon
als selbstverständliche begleiter wahr
die ob ihres stattlichen körperbaus
zum glück auch aus größerer entfernung
sehr schön zu beobachten sind
denn allzu nahe kommt man ihnen
normalerweise nicht
   normalerweise
aber hier treffen wir auf eine gruppe
die seitlich direkt auf uns zukommt
   wir bleiben stehen und warten ab was passiert
die gruppe fächert sich vor uns auf

von der anderen seite kommen weitere tiere dazu
und plötzlich befinden wir uns
mitten in einer riesigen herde giraffen
   wir sind umringt von rothschildgiraffen
jeder größe und jeden alters
für die die einfache regel gilt
je älter desto dünkler ihre färbung
und werden von allen seiten neugierig bestaunt
   es gibt von dieser art in freier wildbahn
leider auch nur mehr zirka 1500
zusammen mit allen anderen arten
wird ihr bestand afrikaweit
aber noch auf etwa 100000 geschätzt
   auf jeden fall ist es ein tolles gefühl
mitten unter diesen riesen zu stehen
und es ist zu hoffen
dass dies noch vielen generationen an besuchern
vergönnt sein wird
   als ich aus dem auto aussteige
weichen sie ein stück zurück
bleiben aber sofort wieder neugierig stehen
als sie merken dass nichts passiert
und als sie sich sattgesehen haben an uns
wir an ihnen noch lange nicht
ziehen sie mit riesenschritten weiter

   als wir wieder die anlegestelle der fähre erreichen
treffen wir
diesmal weniger überraschend

unsere deutschen freunde
die ein paar minuten davor von der bootstour
zurückgekommen sind
   dann machen wir uns auf den weg zum wasserfall
wofür wir den nil wieder überqueren müssen
weil er über land
nur auf der südseite zu erreichen ist
während sie die lange fahrt dorthin
nicht in kauf nehmen wollen

   der murchison wasserfall ist das wildeste
unbändigste und gewaltigste naturereignis
das ich jemals gesehen habe
   schon vom großzügig angelegten parkplatz aus
auf dem ein einziges auto herumsteht
als wir ankommen
hört man das rauschen
das mit jedem schritt intensiver
mitreißender
beeindruckender
und im gleichen maße beglückender wird
   unglaublich welche hochstimmung
schon allein das geräusch solcher wassermassen
in einem menschen erzeugen kann
wenn er die natur noch zu fühlen
zu achten
zu bewundern imstande ist
   und dann stehen wir endlich
vor dem dahinschießenden wasser

das durch die verengung des tals
schon hier unglaublich beschleunigt wird
und einige hundert meter weiter
nicht einfach über die felsen hinunterstürzt
wie das bei anderen fällen seiner art der fall ist
sondern mit einer so unvorstellbaren gewalt
durch die enge schlucht hindurchgepresst wird
dass dies kein fisch lebend übersteht
von wassersportlern ganz zu schweigen
    nicht minder faszinierend als der wasserfall selbst
ist die tatsache
dass man ganz nahe an das wasser herangehen darf
es gibt keine absperrungen
einzig und allein eine hinweistafel
beware of wet stones
    in europa würde man die hände
über dem kopf zusammenschlagen
und den gesamten bereich für besucher sperren
    nicht so in uganda
hier mutet man den besuchern zu
das risiko selbst richtig einschätzen zu können
hier ist eigenverantwortung noch möglich
hier kann man noch in jedem bereich
nicht nur im straßenverkehr
selber etwas verantworten
und wenn jeder einzelne
verantwortung übernehmen darf
funktioniert alles besser
    in den meisten bereichen sogar viel besser

als
wenn alles nur mehr nach vorschrift laufen darf
wenn eigene entscheidungen
nicht mehr möglich sind
wenn verunsicherung überhand nimmt
sodass schon ein paar schneeflocken
eine stadt lahmlegen können
weil jeder schritt und jeder handgriff
zu einer haftungsfrage werden
wenn man sich elementarste dinge
selbst nicht mehr zutraut
und in der folge kinder
aus lauter angst etwas falsch zu machen
gar nicht mehr erzogen werden
obwohl sie später als erwachsene
vor dem gesetz perfekt funktionieren sollen
  und ich frage mich wieder einmal
was wohl die höhere menschliche entwicklung ist
  die fähigkeit zur eigenverantwortung
oder die widerstandslose ergebenheit
in vorschriften aller art und unart
die den schon einmal erwähnten
unverdorbenen gesunden menschenverstand
jedes heranwachsenden im keim erstickt
  das individuum strebt immer nach freiheit
die gesellschaft nach diktatur
  doch was gewinnt sie
die gesellschaft
was gewinnt sie an menschlichkeit

wenn eigene meinung stört
wenn zwar freiheit gepredigt
aber offensichtliches meinungsdiktat
und willkürliche tabuisierung gelebt werden
wenn toleranz gefordert wird
aber meinungen und haltungen
die politisch als nicht korrekt gelten
unerwünscht sind
   denn was heißt schon politisch korrekt
political correctness ist immer ein meinungsdiktat
der vorherrschenden ideologie
und kann somit nicht
wahrer menschlichkeit entsprechen
   human correctness
menschlich korrekt
das wäre echte wertschätzung
allen menschen gegenüber

   ich lasse mir aber
die befreiende wirkung des wasserfalls
dieses symbols für unbändigkeit und wildheit
auf mein gemüt
von solchen gedanken nicht verwehren
und widme mich wieder ganz
dem naturwunder neben mir
das mit jedem schritt
der uns näher an die gefällsstufe bringt
noch beeindruckender
noch faszinierender

noch gewaltiger wird
bis wir endlich auf dem letztmöglichen
etwas erhöhten aussichtspunkt stehen
und binnen sekunden allein vom wassernebel
der durch diese ungeheure wucht entsteht
und seinerseits den schönsten
dauerhaftesten
und perfektesten regenbogen entstehen lässt
den ich je gesehen habe
durch und durch nass sind
   dreihunderttausend liter wasser
werden hier pro sekunde
durch die schlucht geschossen
sodass man im nebel
der durch die wucht des aufpralls an den felsen
der 43 meter hohen stufe entsteht
zeitweise kaum noch etwas sehen kann
   the most powerful waterfall in the world
wird er genannt
   kein wunder also
dass man schon seit längerer zeit
über einen kraftwerksbau nachdenkt
was zwar vorläufig glücklicherweise
aber wer weiß für wie lange
verhindert scheint
   es wäre sehr sehr schade
um diesen faszinierenden
magischen
beinah religiösen ort

wenn man religiös wörtlich
also als ehrfurcht vor der schöpfung versteht

naturgewalt wie diese
kann auf erden
wenn überhaupt
wohl nur tektonisch
übertroffen werden

im auge des betrachters
wohl das größte schauspiel
im gesamten all
der tosende tobende donnernde
murchison fall

13-12 - shea butter

    wir reisen früh ab und nehmen wie gestern
das frühstück zur fähre mit
    von den zwei steirern siegi und toni
mit denen wir am abend davor
noch länger beisammengesessen sind
ist noch nichts zu sehen
    die beiden waren sehr müde
als sie von ihrer bergtour zurückkamen
    sie hatten einen gipfel
im ruwenzorigebirge bestiegen
das über 5000 meter hoch

vergletschert und quellgebiet des nils ist
und berichteten uns von der anstrengendsten tour
die sie jemals gemacht hätten
  wir aber überqueren den nil abermals
und fahren über pakwach
wo wir unsere tank- und geldreserven ergänzen
richtung lira
der mit 120000 einwohnern
drittgrößten stadt des landes
wo wir einen sheabutterproduzenten
besuchen wollen
  sheabutter wird aus der karitenuss gewonnen
dem kern der karite- oder sheabaumfrucht
und findet im kosmetikbereich anwendung
  barbara hat diesen betrieb im internet aufgespürt
und eine führung vereinbart
  der fabriksbesitzer ist ein gebürtiger inder
der mit seiner familie schon lange in uganda lebt
uns persönlich empfängt
und in der fabrik
in der zirka 70 leute arbeiten
herumführt
  bereitwillig zeigt er uns die maschinen
und erklärt die einzelnen schritte der produktion
  neben karitekernen
werden auch die kerne der sonnenblume
sowie sojabohnen verarbeitet
damit die ölpressen
über eine möglichst lange zeit im jahr

in betrieb sein können
in lira selbst halten wir uns nicht länger auf
weil wir noch bis karuma fahren wollen
um am nächsten tag
möglichst früh bei den nashörnern zu sein
die die letzte attraktion in unserem plan sind

14-12 - die ziwa rhino foundation

gegen ende einer solchen reise
auf der man so vieles gesehen und erlebt hat
wird es immer schwieriger
neue superlative zu finden
um den eindrücken
die man ja nach wie vor ständig dazugewinnt
in der erzählung gerecht zu werden
das soll aber nicht den anschein erwecken
dass man nach einer gewissen zeit die dinge
die einem in den ersten tagen
noch höchstes staunen abgerungen haben
plötzlich geringzuschätzen beginnt
denn das wäre äußerst unfair denen gegenüber
die als letzte an der reihe sind
wie in unserem speziellen fall die nashörner
jene wunderbaren tiere
die ich auf keinen fall
nach ihrer verdrängung
durch die sich ausbreitende bevölkerung

und der rücksichtslosen bejagung
nicht nur durch wilderer
die schließlich zu ihrer ausrottung
in uganda geführt hat
auch noch zu opfern
meiner unzureichenden
dramaturgischen fähigkeiten machen möchte
  das würden sie nicht verdienen
und das entspräche auch nicht dem wahren erleben
denn tatsächlich bin ich
als wir in den ziwa rhino park einfahren
immer noch so gespannt
und so voller ungeduldiger erwartung
als wäre es mein erster tag in afrika
und spüre auch nicht
die leiseste abgestumpftheit oder übersättigung
als wir schließlich
nach einer ziemlich langen autofahrt
im 70 quadratkilometer großen gehege
in dem die nashörner wieder nachgezüchtet werden
und einem fußmarsch mit unserem führer khalid
den ersten tieren gegenüberstehen
  im gegenteil
ich vergesse in diesem moment alles bisher erlebte
  nicht aber aufgrund einer eventuellen
vielleicht altersbedingten gedächtnisschwäche
sondern weil der anblick dieser tiere
das plötzliche ihnen gegenüberstehen
und die ehrfurchtgebietende nähe

zu diesen urtümlichen kolossen
alle anderen gedanken in meinem kopf
verhindern
verdrängen
verunmöglichen
  sogar meine rosaroten gummistiefel
die mir ben unter großem gelächter verpasst hat
sind mir ab diesem moment vollkommen egal
  you dont like pink
hat er mich gefragt
als ich die stiefel mit der frage
ob er denn keine andere farbe in meiner größe habe
ablehnen wollte
und dabei offensichtlich ziemlich verdutzt
dreingeschaut haben muss
  tut mir leid
ich habe keine anderen für dich
hat er zunächst noch schelmisch grinsend gemeint
um schon im nächsten augenblick
als ich sie doch zögernd annahm
in offenes gelächter auszubrechen
  doch - ich mag pink schon
aber nicht an mir
habe ich noch versucht seine frage zu beantworten
diesen versuch aber
ob seines nicht enden wollenden gelächters
bald wieder aufgegeben
und für diese scherzhaft gemeinte demütigung
ein gemeinsames foto mit ihm gefordert

das er mir bereitwillig
und mit einem versöhnlichen händedruck gestattete
hoffentlich ist diese ungewöhnliche farbe
meines schuhwerks
den nashörnern ebenso egal
denke ich mir jetzt
angesichts dieser mächtigen tiere nur
eben erst hat uns khalid
eindringlich auf ihre gefährlichkeit hingewiesen
auf ihre unberechenbarkeit und schnelligkeit
hat uns geraten
im falle eines angriffs hinter einen baum zu flüchten
weil nashörner
erstens nicht beweglich genug sind
um uns in so engem radius
um den baum herum zu verfolgen
und zweitens neben ihrer sicht
auch ihr gedächtnis sehr kurz ist
sodass sie den grund ihres angriffs
im normalfall sehr schnell wieder vergessen
und nun stehen wir ihnen
auf so kurzer distanz gegenüber
und wenn kein baum in der nähe ist
habe ich khalid gefragt
was soll ich dann tun
er hat aber nur gelächelt und gemeint
du wirst ganz schnell einen finden
glaube mir
ich bin daraufhin

eher noch weniger beruhigt als davor
verkneife mir aber eine weitere frage

die ziwa rhino foundation gibt es erst
seit dem jahr 2000
hier sollen in einem eingezäunten
und streng bewachten gebiet mit eu-förderung
breit- und spitzmaulnashörner gezüchtet
und später in nationalparks ausgewildert werden
die ersten beiden tiere waren geschenke
der damaligen präsidenten aus kenia und den usa
2008 sind die ersten nashornbabys
hier geboren worden
und mittlerweile gibt es schon über 40 tiere
sobald die zahl 50 überschritten ist
hören wir von khalid
sollen 20 stück im lake mburo nationalpark
ausgewildert werden
und später auch in anderen nationalparks
aber noch ist das ziwa rhino sanctuary
der einzige ort in uganda
an dem nashörner beobachtet werden können
die auswilderung wird auf jeden fall
eine große herausforderung für die wildhüter
und das ganze nachzuchtprogramm
weil das horn dieser tiere auf dem schwarzmarkt
unverständlicherweise immer noch sehr begehrt ist
unverständlicherweise aus menschlicher sicht
nicht aus wirtschaftlicher - leider

denn der handel mit dem horn
ist zu einem echten wirtschaftsfaktor geworden
der von asiatischen syndikaten kontrolliert wird
   mehr als 50000 euro
werden für ein kilo hornmaterial
am schwarzmarkt lukriert
und in boutiquen für exotische heilkräuter
bezahlt man im schnitt 7000 euro pro gramm
weil es in manchen ländern asiens
in gemahlener form immer noch
als ausgezeichnetes heilmittel gegen krebs
oder den kater nach einer durchzechten nacht
und auch als potenzmittel gilt
   ein 40 zentimeter langes horn
eines fünf jahre alten jungtiers
kann bereits an die zwei kilo wiegen
nashörner werden etwa 40 jahre alt
   stattliche hörner alter bullen
können bis zu einem meter lang
mehr als sieben kilo schwer und damit
illegal gehandelt
an die 400000 euro wert sein
   aber der preis spielt keine rolle
bei den neureichen asiatischen kunden
die es chic finden
nashorn-armbänder zu tragen
oder pulverisiertes horn in drinks zu mischen
und daher verdient auch die mafia genug daran
um die wilderer besser bezahlen zu können

als die regierung die wildhüter
  dummheit gepaart mit reichtum
ist eine große gefahr
nicht nur für viele andere arten
sondern auch für die menschheit selbst
  gleiches gilt für eine unterentwickelte
oder verlorengegangene menschlichkeit
in finanzstarken und mächtigen kreisen
  hongkong wird im hdi-ranking
an vierter stelle geführt
singapur an neunter
china ist immerhin auf rang 85
und japan
das zu walen ein ähnliches verhältnis hat
wie china zu nashörnern ist neunzehnter
  welche fragwürdige art von menschlichkeit
um nicht zu sagen abart
ist da wohl beurteilt worden
und was ist menschlichkeit nun eigentlich
  menschlichkeit kommt auf jeden fall
so wie das adjektiv menschlich
vom nomen mensch
und der mensch wird im kreationismus
als die krone der schöpfung gesehen
der den auftrag hat
sich die erde untertan zu machen
  so weit so gut
oder auch nicht
denn untertan machen bedeutet nicht zerstören

mit der entwicklung der zufallstheorie
ist man zu der sichtweise gelangt
jede art sei gleich wertvoll
was mit anderen worten heißen würde
die erde gehört nicht dem menschen allein
   und an diesem punkt wird es interessant
denn
je mehr man sich vom schöpfungsgedanken
in der modernen gesellschaft abwendet
umso mehr wird für sie der mensch
zum mittelpunkt
zum maß aller dinge
   noch nie wurde der gedanke
das menschliches leben
sei wertvoller als jedes andere
so egoistisch und so extrem vertreten
wie heutzutage
und noch nie so scheinheilig
weil man den schutz des menschlichen lebens
sehr oft als entschuldigung
für schwerste vergehen an anderen arten
und an der natur allgemein mißbraucht
   frei nach dem motto
der planet kann ruhig sterben
hauptsache die menschheit überlebt
und so etwas nennt sich aufgeklärtheit
   es ist einfach nicht ehrlich
wenn man den schöpfungsgedanken
mit dem menschen als mittelpunkt verlacht

die zufallstheorie zur neuen religion erklärt
aber eine ihrer zentralen aussagen
nämlich die
dass jede art gleich viel wert sei
vollkommen ignoriert
   es gibt eine menschliche überbevölkerung
auf der erde
das ist eine tatsache
und der mensch herrscht auf dem planeten
wie keine art davor
   trotzdem wird der verlust jedes einzelnen
immer mehr als katastrophe gesehen
menschliches leben nach kräften
mit allen mitteln
auch jeder natürlichen auslese zum trotz
gegen jede nur denkbare bedrohung geschützt
ausnahme ist unverständlicherweise der krieg
und gleichzeitig die lebenserwartung
teils auch mit moralisch bedenklichen methoden
immer weiter gesteigert
   und das alles auf dem rücken
aller anderen planetenmitbewohner
und der umwelt
   nun könnte man das alles als menschlich sehen
denn der geist ist willig aber das fleisch ist schwach
und menschen machen nun einmal fehler
und sind eben egoistisch
und so weiter
   aber auch das ist äußerst fragwürdig

denn genau dadurch hat das wort menschlich
seine ursprüngliche bedeutung
schon beinahe zur gänze verloren
und steht mittlerweile fast ausschließlich für dinge
die überhaupt nicht
dem eigentlichen streben des menschen entsprechen
  irren ist menschlich
ist zu einer der gängigsten redewendungen
und damit zu einer universalentschuldigung
für jegliches versagen
für alle fehler und schwächen geworden
  das wort menschlich ist vom ideal
zum freibrief verkommen
  einzig das wort menschlichkeit
entspricht noch der idealvorstellung von uns selbst
womit sich folgende fragen aufdrängen
  kann es menschlichkeit sein
wenn wir
in unserem nicht enden wollenden egoismus
uns selber über alle andere arten stellen
  kann es menschlichkeit sein
wenn wir nur
und maximal
mit unseren artgenossen mitzufühlen imstande sind
  kann es menschlichkeit sein
wenn wir täglich lebensräume anderer arten
einengen
okkupieren
zerstören

kann es menschlichkeit sein
wenn wir es nicht einmal schaffen
das existenzrecht unserer allernächsten verwandten
der letzten noch verbliebenen primaten
zu akzeptieren
kann es menschlichkeit sein
wenn wir einiger bodenschätze
oder edelhölzer wegen
auch die entlegendsten rückzugsgebiete
der letzten naturvölker rücksichtslos niederbrennen
kann es menschlichkeit sein
wenn wir einerseits immer pathetischer betonen
menschliches leben verdiene höchsten schutz
andererseits aber
wegen unseres ungezügelten strebens
nach profit und wirtschaftswachstum
immer rücksichtsloser gegen die natur vorgehen
und damit letztendlich
auch unseren eigenen lebensraum zerstören
kann es menschlichkeit sein
wenn wir nur aus egoistischen motiven heraus
und nicht aus respekt gegenüber allen arten
und der gesamten schöpfung
meinen
einen planeten retten zu müssen
auf dem es ohne unser zutun kein problem gäbe
das alles berücksichtigt der hdi nicht
und man muss sich weiters fragen
ob es menschlichkeit sein kann

wenn wir uns immer nur
mit unseren rechten beschäftigen
und nicht auf die idee kommen
dass menschenpflichten
eigentlich noch viel selbstverständlicher wären
    begriffe wie menschenrechtskonvention
menschenrechtsorganisationen
die menschenrechtscharta
menschenrechtsaktivisten und und und
sind uns selbstverständlich geworden
    müssten nicht schon längst auch
menschenpflichten
gegenüber mitmenschen
anderen arten und der umwelt definiert sein
    betrügen wir uns nicht laufend selber
wenn wir uns gegenseitig auf die schultern klopfen
und uns damit brüsten
alles menschenmögliche
für die einhaltung der menschenrechte zu tun
aber kein wort über menschenpflichten verlieren
    ist es wirklich menschlich
wenn man sich immer nur
mit seinen rechten beschäftigt
    die bibel ist uns da jahrtausende voraus
denn im alten testament gab es die zehn gebote
    es war keine rede von rechten
nur von geboten
im weiteren sinn also von pflichten
von menschenpflichten

gebote zielen darauf ab
bei allen die einsicht für richtiges verhalten
zu erwirken
moralisches pflichtbewusstsein zu schaffen
   in einem sogenannten modernen rechtsstaat
sind die spielräume
die gebote in ihrer formulierung offenlassen
schon lange nicht mehr denkbar
weil man sofort jede kleine uneindeutigkeit
für eine klage missbraucht
   man konzentriert sich nur mehr darauf
was man alles erstreiten kann
wie man andere
am wirkungsvollsten schädigen kann
und es findet sich für jede
auch noch so verrückte klage ein jurist
der sie vertritt
geld verdrängt die moral
   den spruch
recht hat mit gerechtigkeit nichts zu tun
hat man zum dogma erklärt
und dabei wurde übersehen
dass es sich
um ein ganz und gar schlechtes rechtssystem
handeln muss
wenn gerechtigkeit nicht das ziel ist
   vielleicht hat man sich von den geboten
auch nur deshalb abgewandt
weil man mit kirche und religion

nichts mehr zu tun haben möchte
weil es nicht zu einem rechtsstaat passen will
wenn den menschen neben den gesetzen
noch etwas heilig ist
aber umso mehr wäre es daher an der zeit
menschenpflichten zu definieren
    sozial sein ist zu wenig
denn sozial sein heißt für das gesetz
also sozusagen realpolitisch gedacht nur
gleiche rechte für alle menschen
was an und für sich ein guter gedanke wäre
wenn das bestreben dies zu erreichen
nicht hauptsächlich
zu finanziellen lösungsansätzen führen würde
    es ist nämlich ein großer irrtum
wenn man meint
eine gesellschaft werde sozialer
wenn jeder einzelne finanziell unabhängig ist
und jede an und für sich
selbstverständliche nächstenhilfe
zu einer gutbezahlten
professionellen dienstleistung gemacht wird
was jedoch letztendlich
jede soziale leistung unterbindet
weil keiner den anderen mehr braucht
    genau dadurch nämlich
schafft ausgerechnet der sogenannte sozialstaat
die denkbar unsozialste
also unmenschlichste gesellschaftsform

in der man sich jeden handgriff bezahlen lässt
sogar bezahlen lassen muss
in der man den engsten verwandten
nicht mehr unentgeltlich helfen darf
in der man eltern in pflegeheime stecken muss
und kinder in tagesheimschulen
weil jeder berufstätig zu sein hat
und ist somit hauptverantwortlich
für den betrug an der menschlichkeit
   und das alles aufgrund einer
objektiv betrachtet
übertriebenen gleichberechtigungspolitik
die ohne rücksicht
auf stärken und schwächen des einzelnen
auf biologische unterschiede
und die natur- oder gottgegebene vielfalt
wie auch immer
die unbestritten ein grundprinzip der evolution ist
die absolute gleichstellung aller
bis hin zur leistungsunabhängigen bezahlung
fordert
   letztgenannte idee ist nicht neu
kommt sie doch auch schon in der bibel
nämlich im gleichnis vom weinberg vor
noch dazu wirklich ganz radikal zu ende gedacht
   so gesehen könnte dieses gleichnis
vorbild für unsere sozialpolitik sein
wenn es nicht ideologisch
so ganz und gar nicht passen würde

aber das gleichnis meint ja bekanntlich
nicht den wert der arbeit im weingarten
sondern den wert des menschen
und den scheint die heutige sozialpolitik
zusehends aus den augen zu verlieren
unter echter menschlichkeit dagegen
müsste man ein ebenso echtes
also nicht von ideologien
bis zur unkenntlichkeit verzerrtes soziales verhalten
und ähnlich radikal zu ende gedacht
wie das weinberggleichnis
dies sogar ausgedehnt auf alle lebewesen
und deren lebensgrundlagen verstehen
kurz
gleiches existenzrecht für alles leben
der mensch zuerst
ist als slogan ein zutiefst unmenschlicher
warum definiert der mensch
die begriffe menschlichkeit und unmenschlichkeit
nur über die haltung zu
und den umgang mit seinen artgenossen
der mensch hat sich selber
zur krone der schöpfung erkoren
forscht unermüdlich daran herauszufinden
was den unterschied
zwischen mensch und tier ausmache
damit ihm diese krone
nicht streitig gemacht werden kann
und ist trotzdem immer bemüht

die menschenrechte
nur einem möglichst elitären kreis zuzuerkennen
  je weniger elitär
umso weniger rechte
für naturvölker bleibt meist gar nichts mehr
  wäre es nicht längst an der zeit
auch das verhalten anderer lebewesen gegenüber
in die definition menschlichkeit miteinzubeziehen
  kann man sich wirklich
einen guten menschen nennen
wenn man zwar alles dafür unternimmt
dass es den menschen gut gehe
dies aber rücksichtslos auf kosten
aller anderen mitbewohner auf unserem planeten
zu erreichen versucht
  kann ein menschenrechtsaktivist
wirklich guten gewissens
einen preis für seine arbeit entgegennehmen
ohne auch gleichzeitig alarm zu schlagen
da wir doch dabei sind
nicht nur die letzten noch verbliebenen primaten
sondern auch viele andere arten auszurotten
die nicht freiwillig davon ablassen wollen
unseren egoistischen plänen im wege zu stehen
  und dafür reichen oft schon kleinigkeiten
man spricht zum beispiel von problembären
nur weil ein bär etwas nicht tut
was er gar nicht tun kann
nämlich sich an menschliche regeln zu halten

und exekutiert ihn
   man spricht vom bösen wolf
nur weil er nicht unterscheiden kann
zwischen wilden schafen und gezüchteten
und ist in manchen ländern drauf und dran
ihn ein weiteres mal auszurotten
   auf diese weise sind schon viele arten
der lynchjustiz einer
im grunde über unbedeutende dinge
aufgebrachten menschheit zum opfer gefallen
   und man findet für jede wildlebende art
einen triftigen grund
ihr das recht auf lebensraum
und damit auf existenz abzusprechen
ob es sich nun um löwen
nashörner oder elefanten handelt
   ihre größe schützt sie nicht
und selbst die saurier
wären sie nicht
so wie jede art irgendwann einmal
auf natürliche art verschwunden
hätten gegen den menschen keine chance
   welche ironie also seitens der natur
dass sie uns ausgerechnet
in der gestalt eines winzigen virus
einen widersacher hervorbringt
der es schafft
die wirtschaft weltweit lahmzulegen
und uns über ein umdenken

zum nachdenken zu bringen
  ein mikroskopisch kleiner organismus
macht uns bewusst
dass wir uns selber nicht an die regeln halten
und noch viel weniger
an moralische verpflichtungen
  doch nur diese würden
mehr menschlichkeit in die welt bringen
denn dann wären
respekt und demut vor der gesamten schöpfung
und damit auch artenschutz und umweltschutz
jederzeit selbstverständlich
und nicht erst wenn es brenzlig wird
  der mensch denkt in sehr kleinen zeiträumen
und jammert ständig über jede noch so kleine
im grunde aber unbedeutende
veränderung in der natur
  und diese zeiträume werden immer kleiner
weil die technische entwicklung
und damit auch unsere ungeduld und intoleranz
immer schneller voranschreitet
  wer immer nur an sich selbst denkt
denkt automatisch in kleinen zeiträumen
und innerhalb eines sehr kleinen horizonts
egoismus kennt keinen weitblick
  natürlich liegt niemand mit seinen überlegungen
schlussfolgerungen und behauptungen
immer richtig
niemand

wer es aber schafft
gedankliche barrieren zu überwinden
sich bewusst auferlegten traditionellen
anerzogenen denkmustern zu entziehen
wer zumindest die bereitschaft dazu zeigt
wird sich nicht für immer
der einsicht verschließen können
dass selbstzugesprochene wichtigkeit
noch dazu in überhöhtem ausmaß
nicht von langer dauer sein kann
  die menschheit nimmt sich sehr wichtig
sieht sich selbst als die bedeutendste art
die den planeten jemals bevölkert hat
dabei gibt es die menschliche zivilisation
erst seit ein paar tausend jahren
  was aber sind ein paar tausend jahre
wenn man bedenkt
dass manche andere arten
schon seit hunderten millionen jahren existieren
  hunderte millionen jahre
ein zeitraum den unsere art auf diese art
ohne pessimistisch sein zu wollen
wohl nie erreichen wird

15-12 - entebbe

  unseren letzten tag verbringen wir beschaulich
wir besuchen zuerst den entebbe zoo

weil wir ja noch nicht genug tiere gesehen haben
es fehlen uns wirklich noch zwei
die wir gern und mit noch mehr glück
als wir eh schon hatten
auch in freier wildbahn gesehen hätten
nämlich der schuhschnabel und auch hyänen
die yasmina und patrick im murchison park
sogar beim fressen beobachten konnten
nun können wir sie uns
hier in aller ruhe ansehen
ein zoo ist eben eine sehr bequeme einrichtung
aber es ist schon sehr ungewöhnlich
wenn man
wie hier
nur tiere aus dem eigenen land zu sehen bekommt
vom zoo aus
kommen wir direkt an den riesigen viktoriasee
dem drittgrößten see der welt
der leider von bilharzioseerregern total verseucht
und daher kein badegewässer ist
eine schreckliche tatsache
wenn man bedenkt
wie gerne wir menschen uns im wasser aufhalten
wie angenehm diese abkühlung für uns ist
schade um diesen schönen see
aber wenn man darüber nicht bescheid weiß
oder versucht dieses wissen auszuklammern
findet man ihn
rein landschaftlich betrachtet

trotzdem sehr beeindruckend
  der äußere eindruck
ist eben nicht immer der entscheidende
  auch die stadt selbst macht an und für sich
einen sehr guten eindruck
  entebbe ist im vergleich zu den anderen
ugandischen städten ziemlich modern
  ebenso dieses niveauvolle restaurant
in der imperial mall
in dem wir schon am tag davor
zu abend gegessen haben
und jetzt zum abschluss noch einmal einkehren
bevor wir uns am nachmittag
auf den weg zum flughafen machen
  wir haben mit michael vereinbart
das auto hier zurückgeben zu können
  no problem
hat er damals ganz lässig gemeint
aber wieder finden wir niemanden
  barbara möchte gerade anrufen
da sehe ich ein gesicht in der menge
das mir bekannt vorkommt
  ich spreche die person an
und tatsächlich
es ist salim
der uns damals nach unserer ankunft
nach kampala gefahren hat
  auch er kann sich jetzt wieder erinnern
erklärt sich bereit uns das auto abzunehmen

und bespricht das mit michael am telefon
  ein problem gibt es noch
sage ich ihm
das auto ist zwar in ordnung
aber wir mussten in einer notlage
einen sicherheitsgurt herausschneiden
  er hört sich unsere geschichte amüsiert an
und berichtet dann michael davon
durch dessen reaktion mein positiver eindruck
den ich von den menschen in diesem land
gewonnen habe
wieder einmal bestätigt wird
  denn ganz anders
als es in meinem land verlaufen können hätte
wo man gern polizei und versicherung einschaltet
nur um den anderen möglichst zu schädigen
ohne dadurch selber einen vorteil zu haben
verlangt er ohne viel herumzujammern
ohne die sache unnötig zu verkomplizieren
50 dollar
die ich salim gern übergebe

  wir sind mit dem flugzeug
schon längst über allen wolken
als ich mich ein drittes mal
dieses mal rein gedanklich
in dem restaurant in entebbe wiederfinde
wo mich nach und nach
eines immer mehr zu stören begonnen hat

nämlich der europäische standard
  ich frage mich
warum besucht man andere länder
  hauptsächlich doch nur
weil man etwas neues sehen möchte
  warum findet man sie interessant
nicht weil alles so wie zuhause ist
sondern ganz im gegenteil
weil sie anders sind
  warum also will man alle und alles
auf westliche kriterien ausrichten
alles gleich machen
  warum verbreiten wir in aller welt
schon seit vielen generationen den irrglauben
die westliche art zu leben
sei die einzige erstrebenswerte
wenn man in ländern wie uganda
zumindest noch die chance hat
auch mit einer anderen lebensweise
erfolgreich zu sein
und damit sei nicht
wie bei uns leider anders schon undenkbar
einzig und allein reichtum gemeint
sondern erfolgreich sein
im sinne von
menschen glücklich machen
  erstmals wird mir das so deutlich bewusst
dass ich richtiggehend schockiert bin
und wieder bin ich beim hdi angelangt

und damit auch bei der entwicklungshilfe
die ja bedauernswerterweise
immer als loslösung von der eigenen denkweise
und als hinführung auf westliche werte
verstanden wird
   beinahe jede form der entwicklungshilfe
aus europa und den anderen industrieländern
hat letztendlich einzig und allein das ziel
den wohlstand zu heben
und damit
den menschen in den entwicklungsländern
vorzugaukeln
mit geld wären alle probleme zu lösen
   wir sollten nicht immer versuchen
der ganzen welt
den europäischen weg aufzuzwingen
   entwicklungshilfe darf nicht
in identitätsvernichtung enden
sondern müsste
als unterstützung der eigenen tradition
also als hilfe zur bewahrung der eigenen kultur
aus der doch auch großes
vielleicht sogar besseres entstehen könnte
gesehen werden
   aber um das zu erreichen
müsste man sich von dem
immer noch im wachstum begriffenen egoismus
wieder etwas lösen können
und auch selbstlosigkeit zu kultivieren versuchen

um offen zu sein dafür
auch von diesen ländern
einmal etwas lernen zu können
   denn dass die westliche lebensweise
nicht das non plus ultra sein kann
wird uns immer deutlicher vor augen geführt
   in der coronakrise ist häufig zu hören
die verordneten einschränkungsmaßnahmen
würden zur besinnung anregen
und man lerne dabei
verzicht als etwas positives zu sehen
   eine sehr wertvolle erkenntnis
denn nur einsicht
kann zu echtem fortschritt führen
und dass ein umdenken notwendig ist
ist unschwer zu erkennen
wenn man bedenkt
welche faktoren der ausbreitung eines virus
besonders in die hände spielen
   die weltweit steigende bevölkerungsdichte
die zunehmende globalisierung
mit dem durch sie verursachten
immer intensiveren waren- und personenverkehr
und unsere
immer unnatürlicher werdende
das immunsystem ständig schwächende
auf medikamente angewiesene lebensweise
die wir in die ganze welt exportieren
   jede krise ist eine chance

hört man immer wieder gebetsmühlenartig
und damit auch gleich die krise
oder zumindest das versagen der verantwortung
entschuldigen wollend
politiker in solchen zeiten sagen
   vielleicht ist es auch so
aber dazu müsste man krisen und ihre ursachen
erst einmal überhaupt erkennen können
oder wollen
denn meistens werden sie
speziell selbst verursachte
erst dann als solche wahrgenommen
wenn man selber davon betroffen ist
dann ist die betroffenheit plötzlich groß
   krisen in anderen regionen
inklusive kriege
von denen es leider immer noch
nicht nur zu viele
sondern bedauerlicherweise
überhaupt noch welche gibt
interessieren die welt trotz der vielen toten nicht
   ein toter hier zählt anscheinend mehr
als hunderte dort
   ob eine krise
wie die durch das coronavirus ausgelöste
tatsächlich für ein umdenken reichen wird
   es ist zu hoffen
aber man kennt ja inzwischen auch schon
das problem der neujahrsvorsätze zur genüge

doch wer weiß
vielleicht schafft man es eines tages wirklich
mit allen ländern
die man jetzt noch entwicklungsländer nennt
gemeinsam und gleichrangig
etwas zu entwickeln
das eines nicht mehr zulässt
den
betr UGANDA menschlichkeit

register

barkcloth – rindentuch – hergestellt aus der rinde
des ostafrikanischen feigenbaums mutuba
gilt als ältestes textil der menschheit
war früher den bugandischen königen vorbehalten
buhoma – kleiner ort am nördlichen gate
in den bwindi impenetrable national park
buganda – eines der früheren königreiche
im heutigen uganda
bwindi national park – nationalpark seit 1991
schon seit 1932 ökologische schutzzone
seit 1994 unesco weltnaturerbe
einer der letzten tropischen regenurwälder ugandas
heimat für zirka 400 berggorillas – 330 km²
entebbe – hauptstadt bis zur unabhängigkeit
liegt am viktoriasee - 70000 einwohner
internationaler flughafen
fort portal – 42671 einwohner – südl des albertsees
1893 wurde hier ein fort errichtet
um das fort herum entstand die stadt
1900 wurde sie nach gerald portal fort portal benannt
der selber die stadt nie besucht hat
hdi – human development index
der index der menschlichen entwicklung der uno
errechnet sich aus bruttosozialprodukt
lebenserwartung und bildung
er ist eigentlich ein reiner wohlstandsindikator
was auch immer wieder kritisiert wird
hoima – 39644 einwohner
liegt östlich des albertsees auf 1125 m seehöhe

kampala – hauptstadt seit 1962 – 1,5 mill einwohner
seehöhe = 1155 m

kazinga channel – 32 km langer natürlicher kanal
verbindet den edward- mit dem georgesee
name eigentlich falsch weil es ein fluss ist
liegt im queen elisabeth nationalpark und ist heimat
vieler nilpferde und zahlreicher anderer tiere

kibale national park – 776 km² – 13 arten von primaten
hauptattraktion ist die schimpansenpopulation
zum queen elisabeth national park gibt es einen
wildlife corridor um wildwechsel zu ermöglichen

kihiihi – 20000 einwohner – 1140 m seehöhe
liegt südlich des edwardsees

kronenkranich – ugandischer wappenvogel
wird auch auf der flagge geführt

kyatwa-vulkanfeld – in der nähe von fort portal
an die 50 kraterseen vulkanischen ursprungs
vor 10000 jahren ende der letzten eiszeit entstanden

lake albert – 5347 km² – liegt auf 619 m über dem meer
wird vom viktorianil gespeist – abfluss = albertnil
gilt als sehr fischreich – liegt zum teil im kongo

lake edward – 2325 km² – nur 17 m tief
1876 von henry morton stanley entdeckt
benannt nach könig edward VII
liegt zum größten teil in der dem rep kongo

lake george – 250 km² – liegt zur gänze in uganda
und direkt auf dem äquator – abfluss = kazingakanal
benannt nach könig george V

lake mburo – ca 12 km²
namensgebend für den nationalpark

lake mburo national park – mit nur 260 km² der

kleinste der ugandischen nationalparks
aber der einzige in dem es zebras gibt
seit dem jahr 1933 - controlled hunting area
ab 1963 - game reserve
1983 - errichtung des nationalparks
lake viktoria – 68870 km^2 – drittgrößter see der welt
85 m tief – heute als stausee größer als ursprünglich
1858 von john henning speke entdeckt
benannt nach queen viktoria
vor 14700 jahren das letzte mal komplett ausgetrocknet
anteil haben außer uganda auch tansania und kenia
lira – 158000 einwohner – liegt nördlich des kyogasees
nach kampala und gulu drittgrößte stadt in uganda
masaka – liegt im südosten auf 1335 m seehöhe
75000 einwohner – 1979 starke zerstörungen
durch tansanische truppen
murchison fall – 43 m hohe sehr enge schlucht
zwischen kyoga- und albertsee – 300000 liter/sek
the most powerful waterfall in the world
benannt nach roderick murchison
murchison national park – 3893 km^2
größter nationalpark ugandas
bereits ab 1910 wildreservat – seit 1954 nationalpark
die seltene rothschild-giraffe gibt es nur hier
nil – 6650 km – fließt durch burundi ruanda tansania
uganda südsudan sudan und ägypten
entwässert fast die gesamte fläche ugandas
höhenunterschied quelle – mündung = 2700 m
entwässert insgesamt 3,2 mill km^2
pakwach – 17600 einwohner
liegt nördlich des albertsees

hier gibt es die einzige brücke über den albertnil
queen elisabeth nationalpark – 1978 km^2 – seit 1952
benannt nach der englischen königin
berühmt für die baumlöwen und den kazingakanal
queens pavillon – errichtet anlässlich des besuchs
der englischen königin im jahre 1954
ruwenzori-gebirge – liegt auf der grenze zum kongo
zwischen dem edward- und dem albertsee
höchster gipfel ist der mount stanley mit 5109 m
das vergletscherte gebirge ist weltnaturerbe
schuhschnabel – 120 cm hohe seltene vogelart
gibt es nur in uganda und im kongo
markantestes merkmal ist der wuchtige schnabel
shea butter – ein kosmetikprodukt
wird aus dem kern der karitebaumfrucht gewonnen
uganda – republik – präsidialsystem
unabhängig seit 1962-10-09 - hauptstadt = kampala
35 mill einwohner - 241040 km^2 davon 36330 wasser
amtssprachen sind suaheli und englisch
40 weitere sprachen in verwendung
altersschnitt = 15 jahre – durchschnittl lebenserw = 58
religionen – 85% christen – 14% muslime
alphabetisierungsrate = 74%
währung = uganda shilling - bsp = 638 us-dollar/kopf
zeitzone = utc +3 std
uganda liegt größtenteils über 1000 m
höchster punkt = mount stanley im ruwenzori-gebirge
mit 5110 m - tiefster punkt = albertnil mit 610 m
ziwa rhino foundation – gegründet im jahr 2000
70 km^2 große nachzuchtstation für nashörner
in einigen jahren erste auswilderungen vorgesehen

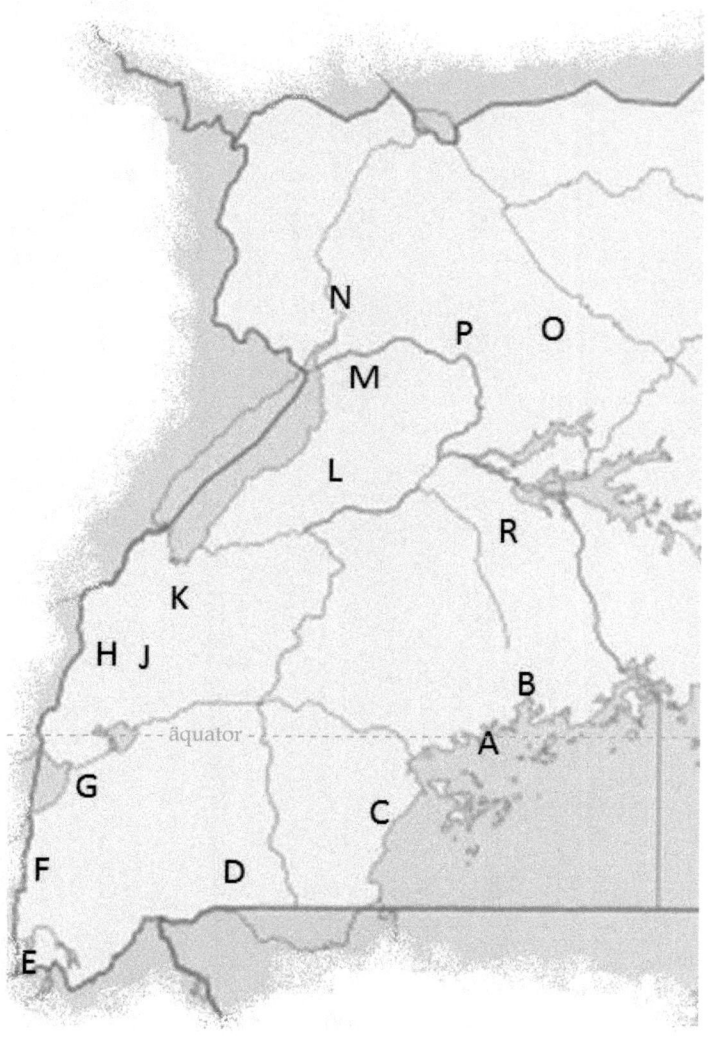

route

A – entebbe
B – kampala – speke hotel
C – masaka – banda lodge
D – lake mburo national park - eagles nest
E – bwindi national park
buhoma – bwindi forest lodge
F – kihiihi
G – queen elizabeth national park - bush lodge
H – kyatwa vulkanfeld
J – kibale national park - turaco treetops
K – fort portal
L – hoima – hotel rafiki
M – murchison national park - red chili rest camp
N – pakwach
O – lira
P – karuma – travellers hotel
R – ziwa rhino foundation
A – entebbe – the nest

martin franz neuberger

geboren worden im jahr 1956
in sankt andrä am zicksee - burgenland - österreich

schreibt erzählungen - kurzgeschichten - gedichte
liedtexte und bühnenstücke

präsentiert seine texte vom ersten buch an
in der musik- und literaturformation SAE!TNR!SS

ständig und leidenschaftlich beschäftigt
mit all diesen großen fragen
die ein mensch nie endgültig
und daher auch nicht zufriedenstellend
beantworten können wird
und daher trotz allen bemühens ratlos
in so vielen dingen
aber unverdrossen auf der suche nach antworten
und vom verlangen getrieben darüber zu schreiben
obwohl jedes ringen um formulierungen
zu weiteren fragen führt
ist auch die reise nach uganda
nicht ohne folgen geblieben

der vorliegende reisebericht
der nicht bloß ein solcher sein will
ist das mittlerweile neunte buch des autors

martin franz neuberger schreibt alle seine texte
als statement für eine einfachere orthographie
in konsequenter kleinschreibung
und ohne satzzeichen
einzige ausnahme - der gedankenstrich

weitere infos unter **mfneu.com**

bisher erschienen

das ungegenteil   - lyrik
edition rötzer
eisenstadt 2006 - isbn 3-85374-384-6

schwarzweisheiten   - lyrik
novum verlag
neckenmarkt - wien - münchen 2009 - isbn 978-3-85022-780-3

weggefährten - ilv-verlag 2012 - seit 2016 als
die ungelesenen weggefährten   - lyrik
bod - books on demand
norderstedt 2016 - isbn 978-3-7392-2852-5

die kerlinger höhe   - gereimte geschichten
bod - books on demand
norderstedt 2016 - isbn 978-3-7412-5062-0

entlebt   - kurzprosa
verlag bibliothek der provinz
weitra 2017 - isbn 978-3-99028-653-1

schmetterling in engelshäuten   - bühnenstücke
bod - books on demand
norderstedt 2017 - isbn 978-3-7448-8922-3

kein tag wie der andere   - prosa
geschichte der sonnenuhr des klosters maria schutz
bod - books on demand
norderstedt 2019 - isbn 978-3-7322-8795-6

das kloster   - erzählung
verlag bibliothek der provinz
weitra 2020 - isbn 978-3-99028-863-4